CHRONOS

Isabel Mora Sahagún

Mis muertes y resurrecciones
Cicatrices que enseñan a volar

© 2025 **Europa Ediciones** | Madrid

www.grupoeditorialeuropa.es

ISBN 9791256961375

I edición: noviembre del 2025

Curadora: Zatsha E. Contreras

Distribuidor para las librerías: **CAL Málaga S.L.**

Impreso para Italia por *Rotomail Italia S.p.A. - Vignate (MI)*

Stampato in Italia presso *Rotomail Italia S.p.A. - Vignate (MI)*

Mis muertes y resurrecciones
Cicatrices que enseñan a volar

A quienes caminaron conmigo y a mí misma, por no rendirme. A quienes leen estas páginas, deseo que cada línea sea la semilla que los impulse a reinventarse.

Aspiro poder seguir escribiendo por y para ustedes.

Tabla de contenido

Prólogo

Todo, absolutamente todo, tiene un comienzo. Un origen. Un nacimiento. Los finales no existen. Existe la transformación, el cambio de un estado a otro. Por lo tanto, eso que creemos que es un final, en realidad no lo es. Es una transición que da lugar a un nuevo nacimiento. Así ocurre con todo. Continuamente.

Desde aquello que creemos insignificante o pasajero, hasta eso otro al que damos un valor profundo, casi sagrado. No hay línea —ni delgada ni imaginaria— que distinga o separe unos hechos de otros.

Todo, desde lo más diminuto hasta lo más grandioso, queda a merced de un campo infinito de posibilidades, dispuesto siempre a gestar nuevos nacimientos y nuevas creaciones.

El final no existe. Lo que existe es un pensamiento restringido, limitado, mal direccionado. El ser humano fue creado a imagen y semejanza. Llegamos a la Tierra siendo herederos. Portamos en nuestro interior la chispa divina. Y eso, indiscutiblemente, nos hace seres crísticos.

Somos alquimistas y creadores…

He elegido este comienzo entre muchos otros posibles. Porque siempre elegimos, todo y en todo momento. Mi elección se basa en un principio cuyas características son permanentes e invariables. Eso que define lo que algo es, más allá de todo lo que cambia. A eso se le llama esencia.

La esencia no se modifica. Es inalterable. Es un estado natural. Una ley natural que debe respetarse. Y el estado natural es paz, equilibrio y armonía.

Como todo lo que empieza, yo también tuve un comienzo. Mi nacimiento fue traumático. En el mismo instante en que llegué a este mundo, ya quería marcharme…

Y digo marcharme porque, después de muchísimos años aquí, sé que mi espíritu —entregado, convencido de vivir esta experiencia terrenal— a la hora de la verdad… se arrepintió.

Con la memoria aún intacta, segundos antes de nacer, y sabiendo lo que implicaría este viaje, quiso declinar la invitación. Pero ya era tarde.

¿Qué fuerza invisible convence a un alma de habitar la carne?

Qué impulsa ese primer llanto, que, a pesar del miedo, elige la vida aun sabiendo que toda elección tiene un precio. Acompáñame a descubrirlo…

Capítulo 1: Mi primera resurrección

Nací un diez de octubre de 1979, a las once y cuarto de la mañana. Los médicos ya sabían que llegaba al hospital una urgencia. Por eso, cuando mi madre llegó, la estaban esperando en la puerta.

Allí mismo le dijeron:

—¡No sujete más, empuje!

Lo que mi madre sujetaba era mi cabeza, que ya estaba fuera desde que salió de casa, ochenta kilómetros atrás.

Sí, ochenta.

Durante todo ese trayecto, en plena carretera, con un taxista que —según cuentan— casi se desmaya al ver la escena, mi madre viajaba con media vida asomada al mundo.

Y así, a plena luz del día, en la entrada del hospital, delante de personas que iban y venían, nací.

Sin llanto.

Los médicos salieron corriendo conmigo. Me reanimaron. Y después de varios días en cuidados intensivos y muchas transfusiones de sangre… sobreviví.

Primero Dios, y luego los médicos, se empeñaron en que debía ocupar un lugar en esta línea de tiempo…

Y así fue mi llegada.

Y mi comienzo.

Mi primera resurrección.

Esa memoria —la del instante de pasar el umbral— se pierde. Quedamos a merced de lo desconocido. Desnudos y vulnerables. Pero tengo que reconocer, y esto es algo muy íntimo y personal, que partes de esa memoria decidieron quedarse conmigo. Permanecer aquí...

Evidentemente, en mis primeros años de vida no entendía nada de aquello. Pero aprendí a vivir con eso. También tengo que adelantaros algo: Esa marcha prematura que casi se produce en mi nacimiento no fue la única.

Dos veces más —a los 19 años y a los 26— estuve a punto de dejar esta línea de tiempo y volver a casa.

La primera, mi espíritu se acobardó. La segunda y la tercera, se movieron hilos bruscamente porque me había desviado tanto del camino, que estaba creando una línea de tiempo parásita, inservible.

Con esos movimientos trágicos en mi vida —hechos a conciencia, no lo dudéis— llegaron esos "antes y después" que cambian para siempre la existencia de una persona. Sin retorno.

Empecé a soltar. A dejar de resistirme. A entrar en esos pedazos de memoria que había estado evitando, y a abrazar esos recuerdos que despertaron en mí mucha información.

Aprendí a dominar la energía. A gestionar mis emociones. A decidir qué pensamientos sí, y cuáles no, debían habitar mi mente. Porque una de las cosas más importantes que deberían enseñarnos desde pequeños es eso: a pensar lo que pensamos.

En ello está la salvación —o la condena— del ser humano. Así de contundente me muestro, porque algo tan serio debe tratarse con seriedad. Adornar esto sería una pérdida de tiempo y el tiempo apremia. Es urgente entender y actuar.

Somos lo que pensamos. En eso nos convertimos, y a su vez, eso vamos creando en el mundo. Todos somos responsables de lo que nos rodea. La pregunta no es retórica: ¿Qué estamos pensando? ¿Y qué estamos creando?

Ahora puedo hablar así porque, después de esos "antes y después" en mi vida, y de mucho trabajo interior, conseguí volver a mí. Modificar esa línea de tiempo que tanto había maltratado. Y ocupar ese lugar asignado por el Padre de todas las cosas, del universo y de todo lo que en él existe.

El libre albedrío y la dualidad quedaron fuera de mis días. Mi viaje se volvió unidireccional. Contar mi vida sería interminable, pero es necesario conocer el camino y el recorrido.

Daré matices. Situaciones. Experiencias vividas, para dar forma y entendimiento a todo lo que debo plasmar aquí.

Y sí, digo debo, porque soy una humilde mensajera.
Como también era humilde el hogar al que llegué…

Los ecos del miedo

Fui la pequeña de tres hermanos durante mucho tiempo. Muchos años después llegó una hermana más, pero para entonces yo ya tenía dieciséis años. Por eso, esa primera etapa de mi vida la viví como la pequeña de mi familia.

Una familia con muchas carencias, limitaciones y —sobre todo— una profunda escasez de inteligencia emocional. A todo esto, se sumaba un huésped habitual: el alcohol…

Mi padre lo convirtió en nuestro pan de cada día.

Yo era demasiado pequeña para entender qué era eso del alcohol y la transformación que causaba en una persona… pero nunca se es demasiado pequeño para sentir miedo, ansiedad y pánico.

Si escarbo en mi memoria en busca de esos primeros recuerdos —cuando un niño comienza a ser consciente de su entorno— los encuentro llenos de emociones punzantes:

Los gritos, los golpes, la imagen de nuestros vecinos intentando calmar a la bestia y protegernos a nosotros. Aquello se volvió una rutina aterradora.

Durante el día podíamos respirar algo de paz, pero al llegar la tarde-noche, cuando mi padre regresaba del trabajo, bastaba una sola frase de mi madre para que el aire cambiara de color:

—Niños, ya va a llegar vuestro padre.

Con eso bastaba. Entrábamos en modo automático, nos volvíamos mudos, ausentes, sigilosos… Deseábamos volvernos invisibles. Y al mismo tiempo, nos preparábamos, asumiendo lo que probablemente sucedería.

Yo tenía cuatro años, mi hermana, cinco y mi hermano, siete.

Recuerdo la mañana que seguía a cada episodio: íbamos al colegio con más sueño y más tristeza que ganas. Así fuimos creciendo: en un ambiente hostil, intimidante y difícil. A pesar de eso, no juzgo a mis padres. Los amo.

Amo sus luchas y adversidades, porque de ellos aprendí —sobre todo— a ir en contra de lo que veía y escuchaba. Porque algo muy profundo dentro de mí me decía que la vida no era eso. Y ese "no era eso" lo fui descubriendo paso a paso. Etapa tras etapa.

Los primeros veinte años de mi vida fueron una montaña rusa constante. Fui rebelde, sí, pero siempre bajo la premisa de que tenía motivos para ello. Y con esa "licencia" autoasignada, todo me parecía válido.

Me concedí la eterna excusa para ir incumpliendo una a una todas las normas. Así funcionaba yo en esa primera etapa de vida... Pero mi **Dios es sabio y compasivo, y sus caminos inescrutables.** Él ya había puesto en mi vida maestros y situaciones que fueron llegando justo en los momentos clave. Esos momentos que me hicieron despertar y empezar a derribar los muros que yo misma había levantado. Muros nacidos de la inconsciencia y, sobre todo, de ese papel de víctima con derecho a todo.

Y aquí me detengo un momento para decir algo importante:

Sí. Las personas, en algún momento, somos víctimas de otras personas o de sucesos dolorosos. Pero cuando utilizamos a conciencia y de forma constante un episodio para victimizarnos... estamos atentando contra todo lo que nos rodea. Porque lo hacemos con una sola intención: manipular, controlar a nuestro antojo, sobornar emocionalmente, culpar siempre a los demás.

Es ahí donde perdemos el sentido de la responsabilidad, el equilibrio, el deber de ser justos, y el amor al prójimo. Pasamos de víctimas... a verdugos. Juzgamos y condenamos absolutamente todo. **El papel de víctima nos convierte enególatras destructores y despiadados.**

Capítulo 2: Don Julián, el maestro que confirió voz a mis palabras

Ciertamente, durante mi infancia sentí lo que ningún niño debería sentir jamás: miedo, pánico, ansiedad, desprotección. Creo, con tristeza serena, que en realidad nunca me sentí como una niña.

Es imposible hacerlo cuando, desde que tienes uso de razón, te cargan con problemas y situaciones que sólo deberían pertenecer al mundo de los adultos.

Pero en medio de esa oscuridad, entre la sombra y el silencio, descubrí algo que cambiaría mi destino: la escritura.

Hay quien lo llamaría casualidad. Para mí fue algo distinto: una necesidad sagrada que debía cumplirse, una raíz imprescindible que brotó en tierra dura.

Ese primer encuentro con la poesía me regaló algo que hasta entonces desconocía: seguridad y certeza. El idioma de la palabra escrita resonó en lo más hondo de mí como si hubiera estado esperándome desde siempre. Fue inspiración, refugio, propósito. Y así, seguí escribiendo.

En ese trayecto no caminé sola. Tuve un guía: mi profesor, tutor, maestro de lengua también, quien supo verme antes de que yo misma pudiera hacerlo. **Don Julián.**

Fue él quien me descubrió, quien se empeñó —como un farero frente a la niebla— en que el mundo debía conocer esa parte de mí que dormía en silencio.

Hizo todo lo que estuvo en su mano, a pesar del caos familiar y de los tiempos que eran. Y ese pequeño gesto, ese acto de fe, fue también una forma de salvación. No solo para mí, sino para la niña que yo era y que, sin saberlo, necesitaba una figura como la suya. Porque para mí no solo fue un maestro de escuela, también fue un maestro para mi espíritu.

Don Julián… siento un escalofrío recorriéndome al pronunciar su nombre y recordarlo. Fue una figura tan importante en mis años de niñez que lo dejé vivir en un rincón privilegiado de mi corazón, y ahí vivirá para siempre.

Un hombre serio y recto, pero los ojos del alma lo delataban. Al asomarme a esos dos grandes balcones descubrí comprensión, compasión y cariño, una esencia que me acompañó durante varios años.

Un ser humano con una gran vocación por la enseñanza, pasional y dedicado. Fue mi tutor en varios cursos, nos impartía varias asignaturas, entre ellas Lengua. Era un apasionado de la lectura; creo que devoró libros a lo largo de su vida. Su género literario preferido era la poesía. Tanto era así que tomó la decisión de sustituir los viernes la clase de Lengua por una clase de poesía. Nos leía y hacía que nosotros, los alumnos, saliéramos a leer frente a toda la clase.

Para la mayoría de mis compañeros era aburrido. Para mí, de una forma inesperada y natural, los viernes se volvieron mágicos.

En algún momento se planteó prescindir de esa clase tan magistral para mí. Al ver el poco interés de mis compañeros, lo advirtió varias veces, pero nunca lo hizo. Y su motivo era yo.

En ese momento no lo entendí, pero cuando pasan los años y te detienes a desmenuzar vivencias, te das cuenta de que ciertos matices son raíz, un nacimiento, y que tarde o temprano se vuelven una excepción.

Sólo puedo dar gracias de que Don Julián estuviese destinado a ser pieza de mi gran puzle. Su pasión le hizo ir más allá: decidió que la primera media hora siguiese siendo de lectura, pero la siguiente media hora escribiríamos.

Después él leía cada poema sin decir quién lo había escrito, y nosotros, en un papelito, debíamos votar el que más nos gustase. Evidentemente, debíamos descartar el propio. De esa manera anónima y divertida, después se proclamaba al más votado. Éramos una clase de unos 30 niños y, por aquel entonces, teníamos unos ocho años. Para mi sorpresa, siempre fui de las más votadas y elegidas.

Recuerdo perfectamente mi primer escrito en el juego de las votaciones, el que mis compañeros eligieron ganador. Fue uno de esos "antes y después" que marcan, y aunque no lo tengo por escrito en ningún papel, permanece intacto en mi memoria, y me apetece recordarlo y compartirlo.

Lo titulé: **Pompas van por el aire**, y decía así:

Pompas van por el aire,
pompas yo vi pasar,
en una tarde alegre
mientras miraba el mar.
Pasaban de una en una
rompiendo un sueño de cristal,
ese sueño era el mío,
me di cuenta al despertar.

Con ocho añitos, sin saberlo, esto significaba un nacimiento. Después de eso vinieron muchos más, pero más profundos. Escribía sobre la vida y la muerte, la naturaleza, el respeto, la tolerancia, el ser humano.

Un día Don Julián me dijo:

—Dile a tu madre que venga, tengo que hablar con ella.

Me asusté. No entendía por qué. Ya contaba con unos diez años y, aunque es cierto que era bastante nerviosa y me costaba estar sentada, sabía que no había hecho nada malo. Le dije a mi madre que tenía que ir al colegio, y ella fue.

Don Julián la interrogó:
—¿Copia cosas de libros que lee?

Mi madre contestó:
—En casa no hay libros, no hay dinero para ello.

—¿Escribe en casa? —continuó preguntando Don Julián.

—Hace los deberes y después pasa bastante tiempo escribiendo —respondió mi madre.

Mi querido profesor la miró y le dijo:
—Su hija es un diamante en bruto, y hay que hacer todo lo posible por potenciar eso.

Mi madre no tenía medios ni posibilidades. Aparte, tenía otros dos hijos de los que cuidar, en un ambiente muy, muy complicado y caótico. Yo sólo era una niña a la que le había dado por escribir. Ella debía ocuparse de cosas con más peso en su vida.

Don Julián era tenaz, y puso todos los medios que estaban a su alcance para pulir eso que él insistía en llamar diamante. Se le ocurrió la genial idea de que, en esa hora mágica de los viernes, abriría la puerta de la biblioteca del colegio y nos dejaría coger un libro para llevar a casa, leerlo, y una vez leído, devolverlo y coger otro.

Don Julián me dedicó una mirada tierna y me dijo:

—Adelante, elige el que quieras.

No podía creerlo. Tenía ante mí un mundo de posibilidades, y me permitían acceder a él.

En ese instante fui la niña más feliz del mundo. Si me transporto a ese preciso momento, puedo sentir cada emoción de aquel día, incluso ver y sentir el brillo en los ojos de mi yo de diez años. Ahí fui una niña más. Simplemente, una niña.

Parada obligatoria para decir que **a los niños hay que dejarles ser niños. Sus mentes no están preparadas para verse involucradas en los asuntos de los mayores**. Se les crean miedos, confusión en las emociones y pensamientos. Viven en un estado de alerta que los lleva a la ansiedad y desesperación, inseguridad por falta de protección. Y sin esa protección empiezan a sentir y vivir en modo supervivencia. El desastre está servido. Tendrá todas las papeletas para convertirse en un adulto tóxico y caótico. Con un retorno casi improbable. No imposible, pero sí poco probable. Lo que te quitan cuando tu mente aún es inmadura por la edad, es difícil de recuperar.

Ya lo dijo Jesús: *"El reino de mi Padre pertenece a los niños."*

Se escribió hace siglos. ¿Qué parte no entendimos de que los niños son sagrados? Una frase contundente, sin adornos. No hay parábola de por medio. Tenía una sola dirección.

Leí innumerables libros de aquella biblioteca que se volvió mi paraíso. Llegaron los concursos que se hacían anualmente en el colegio: baile, dibujo, literatura y entonces Don Julián me dijo:

—Tienes que presentar alguno de tus trabajos.

Yo me sentía abrumada. Aunque aparentemente parecía una niña descarada por mis ojos grandes y expresivos, era tímida y hermética. Pensé:

¿Cómo voy a presentar uno de mis escritos? Ya no solo lo leerían mis compañeros de clase… lo leería todo el colegio.

¿Y cómo iba a pedir dinero a mi madre? Ya costaba comer cada día en casa, y presentarme al concurso suponía comprar un par de sobres y hacer fotocopias.

—No, no, no —le dije—. Don Julián, no voy a presentarme. No quiero hacerlo.

Él, que conocía mi situación —algunas cosas por ser evidentes, otras por intuición—, hizo caso omiso. En su poder estaban todos mis trabajos, y él preparó todo y lo llevó al concurso sin decirme nada.

Cuando se acercaban las fiestas del colegio, donde en aquel gran escenario iban a nombrar a los ganadores y otorgar los premios, al acabar la clase me dijo:

—Tengo que hablar contigo.

Sacó la revista que hacía el colegio, empezó a pasar páginas, y de repente se detuvo. Me miró y dijo:

—Presenté uno de tus escritos al concurso. Mira esta hoja. Pone tu nombre. Eres la ganadora del premio de literatura.

Mis ojos se abrieron como platos. Recorrí con mi mirada la página. Leí mi escrito. Mi nombre, apellidos, y las palabras: "Ganadora del certamen de literatura."

Era de letras y no conseguía articular palabra. También estaba contenida con mis emociones, pero inevitablemente las lágrimas empezaron a recorrer mis mejillas. Tenía 10 años y decidí guardar ese momento en mi memoria y en mi corazón para el resto de mi vida.

Llegó el día de la fiesta. Pronunciaron mi nombre por el micrófono, y subí al gran escenario a recoger mi premio. A pesar de la timidez, fue el acontecimiento más maravilloso que había vivido hasta entonces. ¡Cuánta felicidad le debo a ese hombre!

Jesús dijo: *"Aquel que tenga capacidad para enseñar, es un llamado para servir a los demás. Deben usar ese don para ayudar a otros a crecer y a entender."*

Después de aquel primer premio, vinieron tres más los siguientes años. Les recibí con la misma ilusión y emoción. El último premio que gané —pues no volví a presentarme a ningún concurso— fue a los 14 años, en una feria del libro que se realizó en mi comunidad. Aún conservo aquel escrito y lo comparto por aquí. Dice así:

Caballero de corazón falso, que no supisteis darme amor, sino grandes desengaños.

Cubrid vuestro rostro y no enseñéis más vuestros ojos, pues con ellos, como si de un cuchillo afilado se tratase,

disteis muerte a mi corazón hasta llegar a desangrarlo.

Cínico ser de pocas palabras, pero bien inventadas.

Traidor caballero, que no fuisteis fiel, pues me engañabais.

Ingenuo al creeros valiente, pues sabéis bien que la cobardía es algo de vos que destaca.

Desenfundad vuestro sable y daos muerte, vil mentiroso,

pues habéis manchado vuestro nombre al engañarme con vuestros ojos

y decirme que yo era vuestra amada.

¿No os dais cuenta, ingrato tonto, que sus palabras ya no me calman?

Pues la dulzura que había en ellas la habéis vuelto amarga.

Ahora cabalgad y huid a tierras lejanas,

y si no, como os dije antes, daos muerte y sed valiente,

porque alejarme de vos será imposible y me volverán
a tentar vuestros besos.

Y mis labios quedarán de nuevo sellados por un caba-
llero que no entiende de amor,
pues su error es ser tirano.
Y como vil tirano os pido que vuestra alma libere la
mía
y me dejéis seguir mi camino,
pues la manzana que vos me disteis no podía ser otra
que la podrida.
Me tentasteis y mordí, injusto pecado el mío,
pues por él quedé expulsada del Edén, el paraíso.

El error: enamorarme de un amor para mí prohibido,
quedando desterrada al mundo del olvido,
al mundo —y ahora lo sé— al mundo del que vos vino.
Tonta ceguera la mía, que ahora paga su destino.

No puedo cerrar este capítulo sin antes agradecer a quien, de algún modo, me inspiró a seguir escribiendo, a seguir expresándome, a no abandonar mi pasión sin importar las circunstancias. Aquel que me inscribió en mi primer concurso, aun cuando yo no me sentía preparada. Gracias por creer en mí antes de que yo misma lo hiciera.

Don Julián, fuiste fiel a tu llamado y vocación.
Soy testimonio vivo de ello.
Dios, siempre sabio, te eligió y te otorgó el don de la
enseñanza, que cumpliste hasta el final de tus días.

Sé que, desde algún lugar privilegiado, sigues mirándome, y tú sabes que parte de mis recuerdos te pertenecen.

Sigues vivo en esta línea del tiempo.

Gracias, Don Julián, por tu dedicación.
Por creer en mí.
Por ser faro en mi oscuridad.
Dios te ama.
Y yo también.

El alma que llegó para quedarse: Yoli

No quiero cerrar esta etapa escolar sin hablar de Yoli. Juntas desde los cuatro años, curso tras curso, vibramos igual. Por eso la conexión fue inmediata.

Sus ojos, color del cielo, eran mi refugio cuando todo se desmoronaba a mi alrededor. Bastaba con mirarla para instaurar orden en mi caos. Su sonrisa tierna era una caricia, un "todo está bien" lanzado desde la distancia que separaba su pupitre del mío.

Su pelo rubio parecía un sol brillante suspendido sobre su cabeza en todo momento. Y en aquella aula cerrada, al mirarla, uno se sentía menos preso. Era aire fresco. Sus manos, delicadas y sutiles, sus movimientos… todo en ella era bondad infinita. La regalaba sin reservas: en cada palabra, cada mirada, cada gesto.

Siempre lo pensé: no es de este mundo. Cuando mi imaginación ha querido dibujar la imagen de un ángel, ha sido su rostro el que se ha presentado. Así fue como Yoli pasó también a formar parte de mi gran puzle: la fuente universal vertiendo sus encantos sobre mis ruinas.

Yoli diría aquí: "Todo está sincronizado y conectado". Y tanto es así que, escribiendo esto sobre ella, suena mi teléfono. Un mensaje suyo. Lo comparto porque me parece una sincronicidad mágica, y sé que a ella no le importará:

"El movimiento siempre es eterno en el libro de la vida. Conciencias latentes y sintientes en sincronía con el universo. Alfa y omega, sin principio ni fin."

Al ver que era ella quien escribía, conecté de inmediato y le respondí: "Fíjate nuestra conexión... Hace días que empecé a escribir —tal vez ese libro que tú varias veces has anunciado que escribiría— y justo ahora, mientras lo hacía, estaba hablando sobre ti."

Yoli contestó con una frase que hizo que un escalofrío me recorriera todo el cuerpo:

— "Eres la verdad del corazón, la pureza del alma sin medida. Ese libro es esencia divina de la fuente, con la esencia de tu alma. Latidos en tinta de niñez y sencillez, de conexión y amor, de transmutación y de vivencias, con la magia de tu corazón. La llave y la alquimia narrada desde lo interno. Era la hora. Orus. Escudera de la verdad, de la palabra. Es la hora en el ahora."

Si quedaba alguna duda dentro de mí sobre si debía continuar con este proyecto, se disipó por completo. Hace tiempo que me muevo por señales, de esas que llegan inesperadamente, justo en el momento necesario.

Yoli, desde niña, ha sido una señal en mi camino. Y lo sigue siendo. No fue solo una pieza puntual y necesaria: sigue aquí, en mi presente, en mi trayecto.

Es mi amiga, compañera de viaje. Hermana de otras líneas de tiempo —anteriores, y también de esta—. Es semilla plantada en tiempos lejanos, y fruto del árbol de la vida. Vida del cosmos. Crecimiento, generación y regeneración. Vida inagotable, que equivale a inmortalidad.

Incluso en esta densidad que llamamos 3D, sigue siendo aquel ángel que conocí de niña. Y este tiempo nuestro, este espacio, no ha podido corromper su pureza.

Gracias, Yoli, por no soltar nunca mi mano. Por estar pendiente de mis pies, y de mis pasos.

Jesús dijo: *"No le deban nada a nadie, excepto amarse unos a otros, porque el que ama a su prójimo ha cumplido la ley."*

Hermana de alma, la ley queda cumplida en ti. Te quiero y te honro…

Capítulo 3: El ocaso de la infancia

Llegó el último suspiro de la EGB, esas tres letras que marcaban el fin de una infancia escolarizada. Con trece años a cuestas, mis compañeros saltaban hacia el instituto como quien cruza un puente lleno de luces, de oportunidades, eufóricos ante el cambio. Pero mi rumbo torció el camino hacia otra dirección, una donde los libros no eran prioridad. Fue entonces cuando comprendí, con esa claridad brutal que solo traen los finales, que nuestros caminos no se volverían a cruzar.

Fue la primera vez que sentí, con nitidez punzante, que en un mismo plano se entrelazan varias dimensiones: mundos que conviven en frágil equilibrio, algunos iluminados por promesas, y otros oscurecidos por lo tangible, lo inevitable… por lo concreto de la existencia.

Yo entré en una dimensión no apta para una niña de esa edad. No había nada que pudiese hacer. Ahí comenzaron las luchas más salvajes, sobre todo conmigo misma.

Seguir estudiando y formándome era inviable para mí. Hay luchas internas que son necesarias: uno mismo contra su naturaleza, un cara a cara con ese ruido que hay que combatir y destruir para poder continuar.

No es fácil, porque en ese viaje nadie puede acompañarte. Eres tú contra ti misma. Y eso es una lucha salvaje.

Algunos lo llaman crecer. Otros, pasar página. Yo lo llamo instinto de supervivencia. Amor propio.

A veces la única salida es seguir las huellas de esa bestia que todos llevamos dentro.

Y es que, éramos cinco personas en casa intentando sobrevivir cada mes. Y digo sobrevivir porque eso era lo que hacíamos. Con suerte, comíamos dos veces al día.

La tienda de Pura: lecciones de humanidad y gratitud

La suerte de la que hablo provenía de la tiendecita del barrio. Por aquellos tiempos vivíamos de los pequeños comercios. Los grandes comercios llegaron bastante después. Mi madre iba a la tienda de Pura, nuestra vecina, que conocía bien la situación en casa. Le daba comida, y mi madre la pagaba cuando podía. Gracias a ella, comimos muchos días.

Pura ya no está entre nosotros. Y como no puede ser de otra manera, Dios le ha dado un lugar privilegiado cerca de Él.

Jesús dijo: *"Dale de comer al hambriento y un día serás recompensado. El Reino de mi Padre está abierto a aquellos que se conmueven y dan de comer al necesitado".*

La misericordia es eso: sentir la miseria del otro, y desde esa compasión, ayudarlo.

De vez en cuando, unos familiares también traían comida: restos del frigorífico que ellos ya no comían. Para sus bocas, sobras. Para las nuestras, un lujo. Es de bien nacido ser agradecido, y desde aquí lo soy. Pero Jesús también puso palabras a estos actos:

"Ni los perros deberían comer las migajas que caen de la mesa de sus amos."

Y, reafirmando su mensaje, dicen las escrituras: "Levantó Jesús los ojos y vio a los ricos echando sus sobras en el arca de las ofrendas. Vio también a una viuda muy pobre echando todo lo que tenía, y dijo *'En verdad os digo que esta viuda pobre echó más que todos'.*"

Dar lo que ya no se quiere no es generosidad. Nada dice tanto 'no me importas' como entregar sobras. Son una verdadera muestra de desamor.

A este cuadro ya desolado se le añadía otro matiz sombrío. No había cama para todos. Los ratones campaban a sus anchas. Vivíamos en una casa vieja y pequeña. Los días de lluvia eran una odisea: literalmente llovía dentro de casa.

A pesar de todo, me fascinan los días de lluvia. Tanto, que he escrito bastante sobre ella y elijo compartir esto:

La niña caracol

"Me gusta la lluvia. Me pasa lo mismo que a los caracoles: después de la lluvia, salen para alimentarse.

Sí, soy un poco caracol. Me gusta escribir.

Mi mente es como un viejo baúl lleno de recuerdos, pensamientos, piedras que he ido guardando, y una colección de cicatrices.

Me cuesta deshacerme de ciertas cosas, sobre todo de las que me han enseñado tanto.

Tengo una mala costumbre, pero me gusta: ir siempre más allá y exprimirlo todo.

Buscar los matices para entender lo importante.

Puede que sea un poco intensa, pero me gusta arder.

Intensa e incendiaria, pero poco.

Me vuelvo fuego bajo la lluvia.

Me gustan los charcos.

Aprendí a bailar sobre ellos.

Me gusta el amor, aun sabiendo que su opuesto es el odio, y también puede estar presente.

Ambos son sentimientos, y los sentimientos nos definen.

Cuesta ser sensible y no herirse, pero las heridas se cierran. Son las puertas las que no deben cerrarse.

Eso lo enseña el tiempo y la vida.

Me gusta la lluvia.

Sí, soy un poco caracol. Me alimento de ella."

Una niña trabajando en la sombra

Con la situación en casa, solo había una opción para mí. A los trece años, me vi obligada a trabajar: cambié los libros por cuentas, porque la pobreza no se negocia. La edad legal para empezar a hacerlo era los dieciséis, así que trabajé tres años clandestinamente en un taller de confección, con jornadas de ocho o diez horas diarias.

Eran otros tiempos, aquellos en los que la ley no actuaba. Quizá por desconocimiento, quizá porque sus intereses eran otros. El menor no era una prioridad. Hoy, gracias a Dios, sería impensable. Al menos aquí, donde ahora la infancia está —por fin— protegida.

Jesús dijo sobre la ley: *"La justicia es una virtud que inclina a realizar lo que es propio de la ley: el bien común, el bien unificador."*

Y también:

"Mientras existan el cielo y la tierra, ni una letra ni una tilde de la ley desaparecerán hasta que todo se haya cumplido."

Lo que me recuerda que, también escribí una vez:

"Todo ser vivo, su trabajo y su sitio en este mundo deben ser respetados. Cuando tratamos con inferioridad a otros seres, demostramos que en la teoría nos creemos grandes, pero en la práctica somos los más pequeños del planeta."

Una vida que no cambia

De los trece a los dieciséis años prácticamente solo trabajaba e intentaba pasar desapercibida. Era un mundo que me parecía horrible. A pesar de pasar el día entero trabajando para llevar dinero a casa, nada cambiaba. Y en mi mente, una misma pregunta: Si hay cambio, ¿por qué nunca cambia nada?

Empezar a trabajar a tan corta edad fue una experiencia que me descolocó por dentro, que encendió conflictos profundos en mi alma. A mí, que adoraba aprender, me tocó abandonar los pupitres para entrar en una dimensión extraña, donde lo que sentía y pensaba no encontraba espacio. Era como si mi mundo interior no tuviera permiso para existir allí.

Sin embargo, yo me resistía al silencio. Siempre llevaba conmigo un papel y un bolígrafo. Mientras cumplía con mis tareas, mi mente se fugaba por rendijas invisibles: escribía pensamientos, versos, reflexiones… lo que el alma no quería callar. Cumplía con mi trabajo, sí, pero en realidad habitaba en otro plano, uno paralelo, hecho de palabras y sueños.

¿Qué aprendí de empezar tan pronto? Que ninguna situación cambia si las personas no desean cambiar. Que el cambio real no ocurre afuera, sino dentro. Y que a veces, para sobrevivir, hay que inventarse un mundo propio… aunque sea en los márgenes de una hoja.

La situación era estática. Permanecer así se convirtió en una auténtica tortura. Cuando cumplí los 16, me explotó la cabeza. Me despedí del trabajo y comencé a alejarme de mi familia. Un desapego radical.

Cogí un bus y me marché. Pasé muchas temporadas fuera de casa. Desde entonces, nunca más volví a pertenecer al núcleo familiar. Ahí pasé a ser la oveja negra... Me dio igual. Sabía que tenía que salvarme. Algo en mi interior me arrastraba a huir, y eso hice.

Me di cuenta, con una lucidez que dolía, de que aquello que mis padres repetían —"así es la vida", "esto es lo que toca"— no era una verdad universal. Era una elección. Ellos decidían vivir de ese modo, resignarse, quedarse. Y entonces, huir se convirtió en mi único pensamiento; escapar, en mi única forma de respirar.

Si ellos insistían en ese camino de supervivencia apagada, yo también tenía derecho a elegir. Y elegí salvarme.

Tomé la decisión con una serenidad extraña, como si el alma ya lo supiera desde siempre. Porque no se puede echar de menos un lugar en una familia que nunca existió del todo. No hay nostalgia posible por un hogar que solo fue un techo.

Y así lo supe, sin dudas ni titubeos: marcharme era la única forma de quedarme conmigo.

De los 16 a los 19, mis días eran vertiginosos. Llegué a tener tres trabajos a la vez. Por las mañanas temprano, limpiaba una gran superficie antes de que abriera sus puertas al público. Después, cuidaba de un niño. Y por las tardes, trabajaba en una tintorería, que terminaron siendo tres porque aprendí a usar aquellas enormes lavadoras y a planchar casi a la perfección.

Pero en esa época ya no era solo trabajar y pasar desapercibida. Todo tiene su opuesto. Esa dualidad que hay que vigilar... y ocurrió. Cuando me quise dar cuenta, ya estaba en el otro extremo. No diré lo típico de que me perdí por juntarme con malas compañías. No me gustan las frases hechas. Probablemente, la mala compañía era yo...

Pasé al extremo de los excesos. Era arrogante, altiva, prepotente. Tenía un ego bien plantado. Mi licencia era esta: "Me he hecho a mí misma, y no permito que nadie me diga cómo va la vida."

Encuentro inesperado

Hago un inciso para contar algo que me pasó en esa época y que fue motivo de burla para mí.

¡Es cierto que la ignorancia es atrevida!

Fui a pasar unos días a Córdoba con mi gran amiga, la cordobesa. Otra hermana del alma. Cuántas cosas vivimos juntas. Nos mirábamos y hablábamos sin decir palabra. A eso también lo llamo magia.

Íbamos paseando por esa majestuosa ciudad cuando vimos a lo lejos dos mujeres gitanas acercándose.

Mi cordobesa, acostumbrada a esos encuentros, me advirtió: "No les hagas caso y no dejes que te cojan la mano. Después te pedirán dinero."

Obedecí. Al pasar junto a ellas, intenté mantener la indiferencia. Pero una de ellas me agarró del brazo, me abrió la mano y comenzó a hablar muy rápido. Me quedé petrificada. Solo la miraba.

De repente, alzó los ojos y me miró fijamente. Y lo que hizo a continuación fue lo más inesperado: me pidió perdón tres veces. "Perdóname, perdóname, perdóname."

Inclinó la cabeza, llevó su pulgar a mi frente y dibujó tres cruces.

"Que Dios bendiga la luz que hay en ti. Y perdone mi atrevimiento." Y se marchó calle abajo repitiendo: "Dios, perdóname. Dios, perdóname."

Yo permanecí inmóvil. Escuché mi nombre varias veces: era mi cordobesa, llamándome. La miré y la vi reír. Me contagió. Nos unía la risa. Así éramos. Reíamos de todo.

Años después, desde otra perspectiva, entendí que subestimé a aquella mujer. Y ella, sin conocerme, reconoció algo en mí que yo no era capaz de ver en aquel momento.

De alguna manera, también ha pasado a formar parte de mi puzle. Inevitablemente, pienso en el universo y sus movimientos. Le bastan cuatro minutos de reloj para impregnar algo profundo en la vida de alguien para siempre.

Durante esos tres años, los más locos, y bajo esa licencia que me otorgaba a mí misma para no permitir que nadie me dijera cómo debía llevar la vida, me olvidé de Dios. Pero Él no se olvidó de mí y tenía otros planes para mí. Para hacerme volver al camino, me pondría de nuevo cara a cara con la muerte. Lo que parecía un final inminente sería **mi segunda resurrección…**

Capítulo 4: Un segundo aliento, la réplica del milagro

Tenía 19 años cuando el universo me susurró: 'vuelve a empezar'.

El día que nací —mi primera resurrección— fue un miércoles. Y aquel día caluroso de junio, en el que volví a la vida por segunda vez, también era miércoles. Aparentemente, un día más... pero no para mí.

No había nada que me hiciese sospechar que, en cuestión de horas, mi vida iba a cambiar de una manera brutal. Se me antoja poco pensar que vuestra imaginación os lleve a creer que esta situación fue algo así como estar en la cuerda floja. Lo mío fue una caída libre al vacío, sin arneses ni red.

7 de junio del 2000, miércoles. Sonó el despertador como cada día. La mañana transcurrió con normalidad. Por aquel entonces, trabajaba en una tienda de ropa. Llegó la hora de comer y me marché a casa. A las 17 debía volver. Nunca hubiese podido imaginar que no volvería. Ni ese día, ni en mucho tiempo.

Comí y descansé un rato en el sofá. Sobre las 16 decidí darme una ducha por dos motivos: para espabilarme —pues debía volver al trabajo— y para combatir el calor de aquel día. Me metí al baño y puse música.

Sonaba Héroes del Silencio, la canción "La sirena varada". Sin duda, otra señal. Y así me quedé yo: inmóvil, en estado de pánico y, de fondo, los Héroes siendo testigos de mi apocalipsis, diciendo: "sirena, vuelve al mar".

En diez segundos pasé de estar perfectamente a sentir que el aire no entraba en mis pulmones.

Todo empezó con un dolor repentino en la cadera izquierda, que subió rápidamente hacia el pecho, cuello y brazo. Al dolor se sumó una parálisis total de todo ese lado de mi cuerpo. Intenté respirar con calma, pero sin éxito. Ante esa situación, una vez más, solo tenía una única opción: pedir ayuda. Y eso hice.

Me llevaron rápidamente al centro de salud de mi pueblo. Di gracias a Dios porque no había más pacientes que atender por urgencias, y automáticamente me convertía en la prioridad.

Ni el mejor director de cine hubiese creado una escena con todo lo que pasó a partir de ese momento.

Había un médico y una enfermera. Con mucha ayuda, conseguí tumbarme en esa camilla azul. Apenas podía respirar. Tampoco hablar. Decidieron ponerme oxígeno.

Y el médico solo me preguntaba una y otra vez:

—¿Pero ¿qué te pasa?

No podía hablar ni expresar, pero mi mente estaba intacta e iba a mil. Mi pensamiento era: "¿Y yo qué sé lo que me pasa? Usted es el médico. ¡Averígualo de una puta vez y haga algo!". Mi mente y mi alma gritaban, pero nadie me escuchaba.

Él siguió empeñado en obtener una respuesta mía e, inclinándose hacia mí, con su cara a centímetros de la mía, formuló varias veces la misma pregunta ridícula:

—¿Qué te pasa?

No podía creerlo. Al tenerlo tan cerca, me di cuenta de que el aliento de aquel hombre era puro alcohol. Mi vida estaba en manos de un médico borracho, en hora de servicio.

Empecé a respirar con más dificultad debido a ese olor, y en ese momento pensé: "Saca fuerzas de donde puedas y haz algo". Haciendo un esfuerzo sobrenatural, agarré el brazo de la enfermera, la traje hacia mí y, con un hilo de voz, le dije:

—No dejes que se acerque a mí, ha bebido, y su aliento hace que me asfixie más. Por favor, ayúdame.

Ella se me quedó mirando y no dijo palabra alguna. No hizo absolutamente nada.

Llevaba ya una hora en esa camilla. Dejaron pasar a mi madre, que estaba fuera esperando. Con mucho esfuerzo le susurré lo que pasaba.

Mi Dios movió ficha, al menos para salir de ese bucle, pero lo que pasó a continuación tampoco tiene desperdicio.

Dio la "casualidad" —lo entrecomillo porque no creo en las casualidades—: fue un movimiento divino, ya que empezaron a llegar todos los médicos que trabajaban en el centro de salud. Traían comida y pasteles. Creo recordar que la celebración iba a ser en honor a uno de ellos por su jubilación.

Por supuesto, don Antonio, mi médico de cabecera desde siempre, y que me había visto crecer, también estaba convocado a la celebración.

Mi madre, al verlo, salió corriendo hacia él y le dijo:

—Don Antonio, don Antonio, ven a ver a Isa. Llevamos una hora aquí y está muy mal. El médico que la está atendiendo está borracho, atiéndela usted, por favor.

Don Antonio se dirigió a mí. Vi de nuevo la luz al sentirle cerca.

Pero a los cinco segundos —y cuando digo cinco segundos es de forma literal—, llegó de nuevo la oscuridad…

Ya a mi lado, no me preguntó qué me pasaba ni me auscultó. Viendo que tenía oxígeno puesto y, aun así, mi respiración era muy débil, solo levantó su mano para darme una palmadita en el hombro y decir:

—Eres joven, alta y delgada. No te pasa nada. Lo que tienes que hacer es irte de fiesta.

No daba crédito a lo que estaba pasando. Estaba rodeada de médicos. Ninguno hacía nada y yo sabía que me estaba muriendo.

A pesar de todo lo vivido ya en mi vida, sentí una rabia que nunca había sentido. Me invadió por completo. Y una voz dentro de mí me dijo:

— ¡Vete de aquí!

Es cierto que, cuando el ser humano está en una situación crítica, emerge de él una fuerza insospechada. Me arranqué el oxígeno, me levanté de esa dichosa camilla y, con un hilo de voz, le dije a mi madre:

—Nos vamos.
Mi madre, asustada, me dijo:
—No podemos irnos, mira cómo estás.
Mi hilo de voz se convirtió en un grito atronador.
Una sola palabra:
—¡Vámonos!

Salimos del centro de salud.

No llegaría muy lejos; de hecho, aún no me explico cómo pude caminar esos metros. De repente me desplomé, caí al suelo y perdí el conocimiento.

La reacción de mi madre fue llamar a mi gran amigo Lucas, que en cuestión de minutos ya estaba ahí. Me subieron al coche y me llevaron al hospital general, que estaba a 30 kilómetros.

No recuerdo mucho del trayecto. Yo iba y venía de un mundo a otro. En ese punto, mi mente también me había abandonado. Solo recuerdo una sensación: frío. Mucho frío.

Llegamos al hospital, y los médicos, al ver la gravedad, enseguida se hicieron cargo de la situación. Bastó con auscultarme para ver que uno de mis pulmones no funcionaba.

El diagnóstico fue inmediato: había sufrido un neumotórax espontáneo a tensión.

Para quien no sepa lo que es: es la rotura de la membrana que rodea el pulmón y hace que se colapse. Si no me operaban de urgencia, moriría. No había tiempo ni para preparar el quirófano.

Eso dio lugar a que, días después —por si no era poco—, se complicase todo muchísimo más. Los médicos preguntaron a mi madre por qué no había ido hasta allí en ambulancia con soporte vital.

Mi madre les contó todo lo que había ocurrido, e inmediatamente ellos cursaron una denuncia que inhabilitó para siempre al médico y la enfermera que estaban de servicio.

Entre paréntesis: "estar de servicio", palabras muy grandes para unas mentes tan pequeñas.

Espero que después hayan hecho trabajo interno, reflexionado y hayan podido perdonarse a ellos mismos. De corazón lo deseo.

Yo, después de unos años y mucho trabajo, los perdoné…

Para los demás médicos no hubo consecuencias. Estaban allí por una celebración y fuera de servicio. Consecuencia legal, no. Con ellos mismos y su ser, sí.

Cuando don Antonio se enteró, pidió perdón a mi familia llorando. También les dijo que me dijeran de su parte que le perdonase. Le perdoné, pero conmigo ya no volvería a ejercer de médico de cabecera. Había perdido toda confianza en él y me asignaron otro médico, eso era lo mejor para todos.

De todas las enseñanzas que dejó Jesús sobre el perdón, me quedo con esta: Gran acto de amor y de fe.

Ya en la cruz, después de tanta tortura y sufrimiento, antes de su último aliento, levantó su mirada al cielo y dijo:

—*Padre, perdónalos, porque no saben lo que hacen.*

Un acto de generosidad tan grande no puede caer en el olvido. Por respeto a Él, debemos perdonar siempre a los que nos ofenden.

60 días y 60 noches

Para cuando abrí los ojos, ya eran casi las doce de la noche. No podía moverme. Estaba desubicada, me sentía perdida, y mi mente empezó a agitarse. Tenía frío, y esa sensación hizo que empezase a recordar todo. Recorrí con mi mirada la sala donde estaba.

Un reloj redondo con grandes números negros colgaba de la pared. Sus agujas marcaban las 23:55. Seguí observando y vi enfermeras que iban y venían.

Mi mente empezaba a estar más lúcida y fui consciente de que estaba en el hospital, en una sala de reanimación. Me percaté de que sentía un dolor tan intenso que puse toda la atención en mi cuerpo. Tenía los dos brazos estirados, boca arriba y algo separados del cuerpo. Tenía vías en ambos. Seguí los cables y me llevaron a bolsas y más bolsas: suero, calmantes y otras medicinas. Miré hacia mi lado izquierdo y vi una máquina que estaba conectada a mí.

Un tubo atravesaba mi costado y estaba dentro de mi pecho. También estaba unida a una bombona de oxígeno. Ya me había dado cuenta antes de que una mascarilla cubría parte de mi rostro.

Aún no lo sabía, pero en esa postura de crucifixión pasaría los siguientes 60 días y 60 noches. Volví a sentirme muy aturdida. Empezaron a caer lágrimas de mis ojos y decidí cerrarlos de nuevo.

Poco después sentí una mano en mi frente. Con mucho esfuerzo conseguí ver la silueta de un hombre a mi lado. Decía unas palabras y recuerdo que asentí con la cabeza. Mis recuerdos aquí son como flashes. Más tarde supe que aquel hombre era un cura y me había dado la extrema unción.

Segundos después se acercaron tres médicos.

La cirujana que había estado al mando de la operación tomó la palabra. "Isabel, intenta abrir los ojos". Yo los abría, pero mis párpados volvían a caer.

Ella continuó hablando: "Sé que no te encuentras bien y que tu familia está fuera preocupada. Voy a salir a hablar con ellos y dejaré que pasen a verte unos minutos".

No podía hablar. Asentí con la cabeza. Pasaron cinco minutos y la cirujana volvió. Ahora ella tampoco hablaba y estaba más pálida que yo. Pensé: Dios mío, ¿qué más puede pasar hoy? Por muy increíble que parezca, sí, aún no había terminado la función y, aparte de mi cuerpo, mi alma también quedaría herida de muerte.

Mi mirada era un grito hacia aquella mujer, suplicándole: "Háblame", y ella por fin rompió su silencio. Con la voz entrecortada me dijo:

— "No sé cómo decirte esto. Nunca me he enfrentado a algo así".

Empecé a inquietarme y a perder el ritmo de la respiración que tanto me costaba mantener. Ella se apresuró a decirme:

— "He ido a la sala de espera y no hay nadie. No hay nadie de tu familia".

Entré en shock. Como si hubiesen vertido sobre mí kilos y kilos de hielo, en ese estado quedé congelada. La doctora continuó:

— "Al no haber ningún familiar tuyo, estoy en la obligación de contarte a ti lo que te ha pasado y cuál es tu situación real ahora mismo".

Me contó todo con detalle, aunque reconozco que no me enteré ni de la mitad. Su última frase sí que llegó directamente a mis entrañas.

— "Aún no estás fuera de peligro. Las siguientes 72 horas son vitales. Se debería haber actuado antes y ahora la situación es muy delicada".

Estaba tan devastada, derrotada y muerta de miedo que decidí cerrar mis ojos, deseando que ese día acabase. Mi último pensamiento antes de caer en un sueño profundo fue: "Mi Dios, si me estás escuchando, acaba con esto. Estoy preparada. Hágase en mí según tu voluntad".

Él no consideró mi final. Los siguientes dos meses hizo en mí su voluntad. Cayó mi ego, mi soberbia y prepotencia. Me quitó todas las capas como si fuese una cebolla. Y en esa vulnerabilidad absoluta, la misma con la que llegamos al nacer, encontré de nuevo el camino… Esos 60 días fueron el Big Bang más impresionante de mi historia.

Mi estancia en el hospital se alargó porque la atención llegó tarde y, cuando por fin intervinieron, mi vida dependía de un tiempo que ya no existía. El quirófano improvisado no estaba preparado ni bien esterilizado. Entiendo perfectamente el proceder de los médicos; en esas circunstancias, la prioridad era sobrevivir. Siento un inmenso agradecimiento hacia cada uno de ellos.

Ese quirófano me regaló un virus, ni más ni menos que el de la neumonía. Qué caprichosa es a veces la vida: operada de un pulmón y una neumonía que venía de camino. El desastre estaba garantizado.

Flores en mitad del asfalto

Contar por aquí cada anécdota, describir cada emoción y sentimiento, todas las personas que conocí, cada conversación y aprendizaje en esos 60 días y 60 noches, sería extenderme demasiado.

Me centraré en los más importantes, en esas semillas que se convirtieron en flores en mitad del asfalto.

Por aquellos tiempos escribí muchas cosas y, entre ellas, esto:

Siempre estaré a favor de la vida, aun cuando ésta sea más puta que bonita.

Porque sí, a veces da pelea y saca los monstruos de debajo de la cama, de los armarios y, los peores, los que duermen en la mente y esos, eso sí, son los que de verdad aprietan.

Y es que en algún momento del camino la vida nos mira de frente, directamente a los ojos, y son suficientes unos segundos para darnos cuenta de que algo ha cambiado. Tal vez ese todo ahora es un nada y la vida no se detiene.

Te obliga a seguir caminando, a continuar con los monstruos pegados a tu espalda y con más nudos en el alma que en la garganta. Pero el sol volverá a salir, siempre vuelve.

Jesús dijo: *"Los que confíen en mi Padre renovarán sus fuerzas, volarán como las águilas, correrán y no se fatigarán, caminarán y no se cansarán. Vayan a él los afligidos y abatidos y encontrarán descanso".*

Los primeros días fueron aniquiladores, me reduje a la nada por varios motivos. Prisionera de cables, tubos y máquinas, acostumbrarme a estar en aquella única postura fue un delirio para mí, comparable a atar a un animal salvaje boca arriba.

A eso le sumamos ver mi independencia, mi "yo no necesito de nadie", llevada al extremo, a una sumisión y dependencia absoluta.

Lo de las primeras noches fue inefable, se convirtió en la hora del azote. Los calmantes me ayudaban poco y el dolor era tan insoportable que mis quejidos se escuchaban en toda la planta del hospital. Apenas dormía y tampoco, por la noche, era capaz de librarme de las dichosas vistas al techo.

Entonces descubrí que el infierno no trata de fuego ni demonios color rojo; se describe de una manera figurada: el infierno está donde menos lo esperas y en el lugar más insólito, como en un simple techo. A pesar de todo, no dejé nunca de escribir y dejo constancia de ello por aquí.

Hay días que se nos antojan incompletos, lo que tenemos al lado no nos conforma, el café sabe distinto, no lo suficientemente amargo, y el cigarrillo que lo acompaña se consume demasiado rápido, igual que mi calma.

Y parece mentira, sí, sé que la paciencia es una virtud. Pero hoy es de esos días que no me da la gana, ni tengo paciencia ni esa virtud. Siempre admiré a esas personas capaces de controlar todo; de mí dicen que soy intensa como el café, como un niño cuando pierde un globo y sabe que ya no lo volverá a alcanzar, como una tormenta repentina e inesperada de verano, como el sol abrasador de julio, como un río cuando se sale del camino, como el final de una película que no esperabas y, encima, no entiendes.

No sé, hay días que ya desde la mañana se hacen demasiado largos y para largo el próximo café. A ver si este es más amargo o al menos más aliado.

Carmen: Un corazón que abraza

Ya llevaba unos días en el hospital cuando llegó otra maestra para dar forma a mi puzle: Carmen.

Se abrió la puerta de la habitación y un celador empujaba una camilla donde iba una chiquilla de 16 años. Acababa de pasar por quirófano por una apendicitis; junto a ella venía su madre. Iban a ser compañeras mías de habitación por unos días. Bendito mi Dios y bendita Carmen.

Carmen tenía unos 45 años, pelo corto, color castaño, de estatura baja y muy menudita. Tenía una gran sonrisa con la que llenaba de luz toda la habitación, inquieta y con mucho desparpajo, observadora y perspicaz. No tardó en darse cuenta de la tristeza y angustia que transmitían mis ojos.

También era una mujer inteligente y sutil, pues, a pesar de encontrarse con mi hermetismo, sin ser imprudente ni indiscreta, consiguió penetrar en mí.

En un hospital todo es rutina y, como cada mañana, era la hora del aseo. Cuando un paciente está obligado a permanecer en cama, el familiar que acompaña suele ocuparse de su aseo. En mi caso, al no tener acompañante, se ocupaban las enfermeras, y Carmen me dijo:

— "Cariño, tengo que estar en esta habitación sí o sí, y yo puedo ayudarte. Déjame ayudarte".

Me quedé mirándola sin saber qué decir, pero ella, haciendo uso de su desparpajo y poder de decisión, se dirigió a la enfermera y le aseguró:

—No te preocupes, los días que esté aquí yo me ocuparé de ella.

A continuación, me aseó y peinó mi pelo enredado de varios días. Después cogió la bolsa de aseo de su hija, sacó una crema y colonia que había utilizado minutos antes con ella, e hizo lo mismo conmigo. Al terminar me sonrió y expresó:

—Te has quedado guapísima, ¿a qué te sientes mejor?

Asentí con la cabeza y rompí a llorar. Carmen me abrazó durante minutos; su hija, en la cama de al lado, emocionada, también lloraba.

También era rutina la visita del médico en las mañanas, para ver el estado del paciente e informar sobre el resultado de las pruebas hechas recientemente, o explicar pruebas que había que hacer y para qué. Y ahí estaba Carmen, junto a mi cama, preguntando lo que yo no preguntaba y debatiendo con el médico los pros y los contras de mi situación.

Cuando menos lo esperaba, salía de la habitación y al rato llegaba cargada de chocolatinas y nos endulzaba la tarde. Carmen inventaba juegos para distraernos y con los que nos moríamos de risa, o de repente soltaba una adivinanza que nos tenía pensando durante minutos y que acertábamos gracias a las pistas que nos iba dando. Me cuidó igual que a su hija, cada día, hasta que se marcharon. Porque sí, el día de la despedida llegó...

No voy a negar que al ver cómo recogían sus cosas para volver a casa me invadió la tristeza, pero era más grande lo que aquella mujer había despertado en mí: hizo que volviese a creer, plantó en mi corazón la semilla de la confianza y en mi mente las semillas del propósito y la voluntad.

¡Qué maravilla de ser humano! ¿Acaso esto no es magia? Si crees en la magia, la verás en todas partes; si no crees, de igual manera sucede constantemente a tu alrededor, y si alguna vez la ves o la sientes, lo llamarás casualidad.

Carmen, gracias por todo y, por tanto: por convertirte literalmente en cada movimiento que yo no podía hacer cuando mi cuerpo estaba anulado, por alimentar mi espíritu y mente desde un amor desinteresado, por tu compasión y ternura, siendo estas semillas que crecieron dentro de mí.

Ya sabemos de la vida y sus caprichos. Si le apetece jugar y decide que este libro caiga en tus manos, te reconocerás, sabrás que eres tú de quien hablo y sabrás que soy yo, esa chiquilla que hiciste hija tuya sin dudarlo. Carmen, siempre estarás en mi corazón, siempre.

Últimas palabras de Jesús ya en la cruz: Miró Jesús a su madre; junto a ella estaba su amado discípulo. Al ver a María ahogada en dolor y llanto, le dijo:
—*Mujer, he ahí tu hijo —refiriéndose a su discípulo.*
Después se dirigió a este y le dijo:
—*He ahí tu madre.*

Entre hábitos, rezos y ángeles

Sor Lucía y Sor Petra también estuvieron a mi lado desde el primer día: dos monjitas maravillosas que se dedicaban a visitar y dar aliento a los enfermeros y a los enfermos. No me hacían preguntas incómodas, pero sí me decían en cada visita, para que lo tuviese presente:

—No estás sola, Dios está contigo.
Me animaron a rezar con ellas, y les dije:
—No rezo desde que era pequeña.
Sor Petra dijo:
—De eso hace poco, aún eres una chiquita.

Sor Lucía cogió mi mano con mucho cuidado para no hacerme daño, sacó de su bolsillo un rosario que colocó en mi pecho y su voz empezó a recitar:
—Padre nuestro que estás en los cielos...

Recé con ellas, y desde aquel día ya nunca he dejado de hacerlo.

También estuvieron a mi lado en varias de aquellas veces en las que hubo que salir corriendo. De hecho, eran ellas quienes avisaban a los enfermeros cuando algo no iba bien. Corrían por los pasillos junto al celador que empujaba mi cama hacia la sala de pruebas, porque mis niveles de oxígeno habían caído a cifras alarmantes, incompatibles con la vida. Me hacían radiografías de inmediato para comprobar si el tubo que atravesaba mi pecho se había desplazado, mientras los médicos iban llegando para intervenir.

Podían pasar dos o tres horas para controlar y superar con éxito esa repentina crisis. Cuando me trasladaban de nuevo a la habitación, ahí estaban ellas esperando y orando por mí. Incluso el médico les decía:

—No han ido ustedes a comer, vayan y coman tranquilas. Nosotros, mientras tanto, cuidamos de ella.

No faltaron ni un solo día al hospital para estar conmigo, y a través de su amor y bondad plantaron bases nuevas y sólidas donde yo más tarde edificaría.

Gracias, hermanas, por vuestros cuidados, compañía y por llevarme de vuelta al mundo de la fe. Soy testigo de que mueve montañas. Sor Petra y Sor Lucía, sois eternas en mi corazón.

Jesús dijo: *Quien visita a un enfermo visita al mismo Cristo. La oración de fe que se haga en su nombre restaurará al enfermo, y el Señor lo sanará y lo levantará.*

No puedo olvidarme del personal de limpieza del hospital, especialmente de Sonia. Lo primero que veía era su carrito, donde llevaba todos los productos; empujaba la puerta con este y a continuación su voz y su risa. Se plantaba a mi lado tocando palmas y cantando, y entre medias me decía:

—¿Cómo está hoy mi niña?

Y ella sola respondía a su pregunta:

—¡Mucho mejor, sí, sí! Lo veo.

Y seguía cantándome mientras arreglaba con sus manos las arrugas de mis sábanas. Yo me partía de risa; adoraba ese momento de las mañanas en que Sonia irrumpía en la habitación y me montaba la fiesta en 20 minutos. Su alegría era mi dosis diaria de medicina más efectiva.

¿Veis la magia? Eso es magia.

Mi lado de la habitación, reconozco que parecía un bazar. En los últimos tres años había estado en muchos sitios y conocido a mucha gente. Al enterarse de que estaba en el hospital, era un goteo constante de visitas y regalos: también mis amigos de siempre, libros, flores, peluches de todos los tamaños y colores, crucigramas, varios cuadernos, bombones, más el perfume que Carmen me dejó antes de marcharse y que siempre tenía al alcance de mi mano. Cuando me invadía la nostalgia, echaba tres gotas al aire y al momento me sentía reconfortada.

El sillón color granate al lado de mi cama —el que ofrecía descanso al acompañante— no estaba vacío. Protagonista indiscutible: el gran oso blanco, rey y patriarca de todos los demás peluches, que iban ocupando un lugar como podían. Se fueron amontonando, y el sillón quedó literalmente sepultado.

Mi cordobesa me regaló una gran bruja de trapo montada en una escoba, que decidió pegar en la pared de enfrente. Colocada así, daba la sensación de que estaba volando. Su ubicación era perfecta: yo no podía moverme de aquella cama, pero la dirección de mi mirada era justo esa pared. Y mi cordobesa me dijo:

—Para que no la pierdas de vista. Ves cómo vuela; muy pronto volarás como ella.

Me emociono tanto al recordar esto...

Así era el lado de la habitación que me pertenecía. Y volviendo a Sonia y a ese arte natural que tenía, me decía:

—Mi niña, ¿sabes qué te digo? No hay mal que por bien no venga. Si tuvieses acompañante, ¿dónde meterías todo esto?

Yo ponía mi mano en la frente y movía mi cabeza de un lado a otro para decirle sin palabras:
—No tienes remedio.

Y al segundo estallábamos de risa. Después añadía:

—No, en serio, nunca he visto nada igual. No es que sea la habitación más bonita de la planta, es la habitación más bonita de todo el hospital.

Yo sonreía y le guiñaba un ojo. Ella se inclinaba para darme un beso en la frente, como cada día, y me decía:

—Tengo que irme con el carrito a otra parte, me van a despedir por tu culpa. Mañana vengo, no se te ocurra moverte de aquí.

Haciendo un esfuerzo, quitaba la mascarilla de oxígeno de mi cara un momento y le decía:

—Ve tranquila, si decido ir de fiesta te aviso.

Y su risa tan escandalosa se colaba por los conductos de ventilación de habitación en habitación. Y se marchaba igual que había llegado: cantando.

Gracias, Sonia. Tu alegría, cariño y empatía pasaron a ser pieza indiscutible de mi gran puzle.

Mi amado Jesús dijo: *El fruto del espíritu es amor, alegría, paz, paciencia, amabilidad, bondad, fidelidad, humildad y dominio propio. No hay ley que condene estas cosas. Cada uno debe dar según lo que haya decidido en su corazón, no de mala gana ni por obligación, porque Dios ama al que da con alegría.*

Sonia, Dios te ama.

El alta y el despertar

Pasados dos meses desde que el viaje más vertiginoso de mi vida había empezado, llegó el día en que la visita del médico pasó de ser rutina a sorpresa y asombro para mí.

—Isabel, después de las últimas pruebas, consideramos que puedes marcharte a casa y seguir con la recuperación allí. Eso sí, vas a tener que venir a vernos de vez en cuando para que comprobemos que todo está bien.

Me quedé pasmada, atónita; no daba crédito a lo que acababa de escuchar. Mi médico siguió hablando:

—Tu caso también ha sido un gran reto para nosotros. Hemos crecido y evolucionado en la medicina cada día que has estado aquí, con cada contratiempo y obstáculo que nos hemos encontrado. En nombre de todo el equipo —los médicos, enfermeras, radiólogos—, te doy las gracias.

Tras esas palabras me quedé abrumada y sobrecogida; una vez más, lo único que hice fue llorar. Creo que lloré en esos dos meses más que en los 19 años que tenía.

La despedida con todos ellos fue muy emotiva. Estaba feliz, sí, inmensamente feliz, pero una parte de mí se quedó para siempre en esa cama, en aquella habitación y, por supuesto, en todos y cada uno de ellos.

El agradecimiento es mío. Hoy, 25 años más tarde de mi caída y posterior resurgir, solo puedo decir que la medicina curó mi cuerpo y vuestro amor sanó mi alma. Gracias, gracias y gracias.

Mi entrada al hospital fue por urgencias, por la puerta de atrás; mi salida, por la puerta principal. Cuando la crucé, el sol abrasador de agosto fue el primero en recibirme. Miré al cielo, cerré mis ojos y permanecí así durante minutos. La sensación del sol quemando mi piel me parecía nueva, y quise disfrutar de ese momento sin prisa. Había entendido una de las reglas más importantes del juego: solo existe el ahora. Y eso se convirtió en una de las leyes más importantes de mi vida: vivir el ahora.

Ya en casa, días después escribí:

Hoy, con ese primer café de la mañana que a mí me sabe a agua bendita, me paré a pensar. De vez en cuando pienso —será que los domingos invitan a ello—, y es que el domingo para muchos es un día raro, pero a mí me gustan. Será que también soy algo rara. Pues eso: café en mano, vista perdida frente a la ventana, y mi mente se dispara.

¿Os habéis parado a pensar cuántas personas llevan algo de nosotros? Personas que igual ya no tenemos presentes, pero que nos siguen recordando; o esas otras que, por algún motivo, pusimos distancia, pero nos siguen dedicando algún pensamiento acompañado de una tímida sonrisa, y jamás sabremos que somos la causa.

También están esas personas que sí forman parte de nuestro día a día y que, en muchos momentos, recurren a esa palabra que dijimos, a ese consejo que dimos sin darnos cuenta y que esa persona guardó para después recuperarlo. Luego están esas risas tontas una madrugada cualquiera que, al recordar, le vuelven a hacer reír.

Y sí, es así: no damos importancia a lo cotidiano, a lo común, y va a resultar que ahí está lo extraordinario.

Y yo me pregunto: aquellos que se fueron, a esos otros a los que yo invité a marcharse, y a todos con los que aún comparto camino... ¿cuánto y qué llevan de mí?

Y es que pensarlo... la vida también es algo rara, como los domingos y como yo.

Capítulo 5: Recuperación y metamorfosis hacia una vida consciente

La recuperación en casa fue lenta, unos ocho meses. Salí del hospital pesando 44 kilos, midiendo casi 1,70. Había perdido todo músculo y el dolor en el lado izquierdo del pecho seguía siendo mi huésped. Esto causaba que caminar erguida fuese imposible.

También tuve que hacer un esfuerzo brutal para controlar mi respiración casi en todo momento, menos cuando dormía. Esto suponía estar todo el tiempo dentro de mi mente para llevar yo el control y dar órdenes: "Respiración más lenta, más profunda, a este ritmo o a este otro". Eso requiere una atención plena para una única intención. Ahí fui descubriendo que, para llegar a esa intención, que es la finalidad, el propósito y la meta, era necesaria la atención consciente.

Sí, creo firmemente que aprender a dirigir y mantener nuestra atención en un estado lúcido, de manera formal y responsable, tarde o temprano, nos llevará a la meta y al cumplimiento de cualquier objetivo. Y cuando digo cualquier objetivo, no dejo nada fuera.

Y es que, si se trabaja en mantener un estado consciente y constante, hasta que éste se vuelve un estado natural, y teniendo siempre presente esa intención o meta, el resultado será un hecho tangible. A eso se le llama manifestación, y llegar a ese punto es entender y saber que, si queremos, tenemos la capacidad de crear sin límites a nuestro antojo.

¿Es fácil? No. El trabajo es individual, uno con uno mismo: entrar dentro de la mente y ordenar el caos, hacer limpieza de pensamientos, incluso desterrar muchos, pues son enemigos silenciosos que destruyen desde dentro. Ser conscientes de esto es muy importante. Al serlo, peleas y vences.

Cuando fuerzas esa metamorfosis interna, automáticamente no vuelves a ser el mismo. Te vuelves un ser consciente, responsable e inteligente. Esto te lleva a ser dueño de ti mismo, de tus pensamientos y de la dirección que eliges dar a éstos. Ahora el control es tuyo, tú has cambiado y, por ende, tu alrededor, tu mundo, también son otra realidad.

No existe la suerte, ni la buena ni la mala: todo son consecuencias de cómo hacemos las cosas. **¿Qué hay que hacer?** Una única cosa: **decidir**. Tomamos miles de decisiones en un solo día, día tras día, durante toda la vida.

La pregunta es: ¿qué estoy decidiendo? **No olvides que eres tú quien elige**. Unas u otras consecuencias dependen de tu elección, son sólo tuyas. Cuando un resultado no nos gusta, buscamos un culpable. Nos encanta señalar a alguien como nuestro verdugo, y esas son las mentiras más tempranas que empezamos a contarnos.

Así, entre las mentiras que nos contamos a nosotros mismos, vamos perdiendo la identidad, y nuestra verdadera esencia termina volviéndose falsa y artificial.

El arte de domar el miedo

Al tener que controlar mi mente para, a través de ella, controlar mi respiración, sin darme cuenta me había iniciado en la meditación. Sonia diría aquí: "¿Ves? No hay mal que por bien no venga". Pero yo, poco dada a las frases hechas, os digo: de una situación, por mala que parezca, nacen nuevos comienzos. Me atrevo a decir que los más bonitos.

Los finales no existen. Existe la transformación, el cambio de un estado a otro. Somos energía.

Con 19 años, por supuesto, mi círculo aún no estaba completo. Me quedaba mucho camino, con sus piedras y pruebas que superar, también más personas-piezas para completar mi gran puzle. Después de mi larga estancia en el hospital, y lo que eso conllevó, más varios meses duros de recuperación, me di cuenta de algo: había perdido los miedos, los pocos que me quedaban.

Como todo, esto tiene los dos lados de una moneda. El miedo es enemigo: nos paraliza y bloquea los caminos. El miedo es el arma silenciosa de los estafadores emocionales y los manipuladores. El miedo cierra de un portazo puertas y ventanas. Es un arma de destrucción masiva que camina de puntillas.

Cuidado con el exceso de miedo: es un ladrón descarado que mora dentro de nosotros y **nos roba oportunidades**, nuestros sueños, personas **y, lo más importante, nuestra paz y felicidad**.

En ese momento de mi vida me encontraba en el otro extremo de la moneda y, aunque parezca contradictorio, tampoco era algo positivo. Una persona sin miedos deja de temer perderlo todo, y esa falta de temor puede resultar peligrosa.

Aun así, esa ausencia de miedo me permitió resolver situaciones difíciles, tanto en mi vida como en la de otras personas. Pero, como en todo, el verdadero punto de acierto está en el equilibrio: una balanza con la cruz en un platillo y la cara en el otro. Conseguir que ambos platillos estén frente a frente, a la misma altura, tan sólo basta un milímetro, un milímetro que incline más uno de los dos lados para que el equilibrio se pierda, y la dualidad —que es la madre de la duda y una gran jugadora— mueva ficha.

El punto de equilibrio mantiene la armonía y la justicia. Si el equilibrio se tambalea, sea de lo que sea de lo que hablemos, se vuelve tóxico.

Por ejemplo, en una relación de pareja: uno de ellos es más distante, menos entregado; su excusa es "yo soy así". La otra persona es más cariñosa y atenta; su excusa es "no pasa nada, yo soy más". Pero después llegan los enfados y reproches. ¿Por qué? Porque ambos mienten.

El "yo soy así" se ha adjudicado esa etiqueta con una única intención: no tener que esforzarse. El "yo soy más" sólo quiere creerse que simplemente es más capaz que el otro.

En esa relación, con ausencia de equilibrio, más tarde o más temprano entrará la oscuridad. Han creado y dado forma a pequeños monstruos que crecerán entre ellos. Y es que, seamos sinceros, pensemos bien: no somos tan diferentes unos de otros; es más, somos muy parecidos.

A todos nos hacen sentir bien las mismas cosas: que sean atentos con nosotros, que nos respeten, que nos escuchen, recibir cariño y ayuda si lo necesitamos, que nos quieran bonito. Y a todos nos hacen sentir mal las mismas cosas: que nos juzguen, que nos mientan, que nos utilicen, que no nos tengan en cuenta y nos abandonen cuando más lo necesitamos, que nos quieran feo.

Ser auténticos

Creo, con la misma certeza con la que amanece cada día, que debemos dejar de ponernos disfraces y de aparentar. Queremos y deseamos respeto, pero, si no nos respetamos a nosotros mismos, el respeto de los demás nunca llegará. Tenemos que mostrarnos tal y como somos, sin utilizar falsas etiquetas para complacer o controlar. Tenemos que ser auténticos. Hay que atreverse, porque **solo cuando dejamos caer las caretas** —esas que tanto pesan— y finalmente quedamos al descubierto,

comenzamos a permitir que nuestra verdadera esencia respire, comenzamos a respirar de verdad. Esa es la mejor decisión. Pensemos bien... y decidamos.

Jesús dijo: *"Somos dignos de ser conocidos, amados y celebrados tal como somos".*

Tiempo atrás escribí:

A lo largo de mi vida he enseñado la peor versión de mí, para que mis defectos no sean causa de falsas expectativas y decepción, y mis virtudes sean descubiertas por esos que realmente tomen tiempo, tiempo e interés en conocerme. Conocerme más allá de una apariencia, de lo que otros les hablan y cuentan de mí, de si vienes de una familia u otra o si vas con gente con clase o clase de gente.

Siempre me aburrieron esas tradiciones absurdas; por eso siempre me desvié de lo tradicional. Eso sí, con responsabilidad, intentando no herir ni ofender a nadie. Y lo cierto es que no me fue tan mal.

No soy factor sorpresa para eso que gusta menos, para eso que gusta más. Soy sorpresa con algunos que otros factores con resultados insospechados.

No sé si será por esa costumbre sostenida en el tiempo que acostumbro, cuando conozco a alguien, a buscar lo que no muestra. Pues lo que ocultamos es lo que más revela de nosotros.

¿Y qué busco? Sus miedos, sus bestias, sus batallas. Las pérdidas son las mejores maestras. Busco sus traumas y complejos, sus mierdas mejor disfrazadas, sus sombras y sus caos.

Cuando llego a ese punto de conocimiento, es ahí —sólo ahí— cuando me atrevo a decir: "Te conozco, he visto lo real y te acompaño. Quiero descubrir tus dones, que los compartas conmigo y con el mundo entero".

Volver a la danza del trabajo

Pasaron los meses y me sentí con fuerzas para reincorporarme al mundo laboral. Mis tíos emprendieron un negocio y me propusieron embarcarme con ellos en su proyecto. Nunca había trabajado en el sector de hostelería, pero no lo pensé ni dos segundos; me seducía la idea de aprender y hacer algo nuevo y acepté.

La apertura era inminente y me lancé a aprender sobre la marcha. Cada cliente se convirtió en un maestro, y con cada conversación, cada gesto y cada experiencia, fui descubriendo nuevas formas de crecer. Ellos me enseñaron más de lo que imaginé, y yo aprendí a escuchar, a adaptarme y a disfrutar del camino.

Recuerdo a Paco, un señor maravilloso que terminó siendo cliente habitual. Entró al local por primera vez y me dijo:

—Chiquilla, un carajillo para este forastero.

Mi cara era un poema; no tenía ni idea de qué era eso. Paco se dio cuenta y empezó a reír; yo le acompañé con una sonrisa tímida y un pensamiento muy obvio: tierra, trágame. Paco lo entendió y se apresuró a decir:

—No pasa nada, no nacemos aprendidos y siempre hay una primera vez. Yo te enseño.

Y me explicó paso a paso, desde esa sabiduría que poseía —que fui descubriendo con el tiempo— y con una amabilidad exquisita. Me dijo:

—Primero pon un café, mejor en vaso. Después añades un chorrito de coñac; a cada cliente le gusta con diferente licor, eso tendrás que preguntarlo. Pueden preferir whisky, anís, orujo, ron... y, dentro del coñac, se puede preferir uno u otro. Después de añadir el licor, debes prenderlo. Hay también quien lo quiere con unos granitos de café y una rodaja de limón.

Tras la explicación se quedó callado mirándome fijamente; no sé si porque mi boca y ojos estaban demasiado abiertos. Por fin reaccioné para decir:

—Ay, ¿me lo puedes repetir otra vez, por favor?

—Las veces que haga falta —fue su respuesta, acompañada con una sonrisa tan tierna que, al instante, calentó mi corazón con más fuerza que esa llama que prendí para ese primer carajillo.

Y así fui aprendiendo de la mano de todos y, gracias a ellos, me volví bastante válida y experta en un sector desconocido para mí que terminó encantándome. Retrocedí atrás en el tiempo a aquella época en que solo trabajaba y prefería pasar desapercibida, pero mi vida dio un giro repentino al enterarme de que estaba esperando…

Capítulo 6: Un embarazo contra todo pronóstico

Sí, esperaba al que sería mi único hijo. Otra vez, un nuevo comienzo, sí; pero esta vez fue mi ausencia de miedo, unida a una decisión tomada con firmeza, la que selló con su firma la llegada de ese nacimiento.

Mis médicos, al enterarse del embarazo, me convocaron a una reunión urgente en la que me dijeron y propusieron lo siguiente: debido al neumotórax que había sufrido y las secuelas que este había dejado en mí, y dando por hecho que cuando mi estado de gestación avanzase esa opresión probablemente produciría un nuevo neumotórax comprometiendo otra vez mi vida, me sugirieron interrumpir de inmediato el embarazo.

Ante mi negativa, me pidieron que, antes de seguir hacia adelante, aceptase el punto de vista de otros especialistas en un hospital de Madrid. Accedí por el gran respeto que les tenía y fui.

Cuando llegué, me hicieron pasar a un despacho, lejos de pacientes y consultas. Había dos médicos que estaban al tanto de mi situación pasada y la actual. Tras una breve presentación, sin muchos rodeos, llegó una propuesta cerrada que no daba lugar a la posibilidad de poder escoger o decidir. No había alternativa.

Esas palabras eran proyectiles con una sola intención: abatir mi mente.

—Isabel, no hay nada que pensar, es inviable seguir con el embarazo. Estamos seguros de que no llegarías a término, por eso lo mejor es que hoy mismo ingreses y mañana, a primera hora, entres a quirófanos por consejo médico y se lleve a cabo la interrupción del embarazo.

Habían tumbado mi mente, sí, pero mi corazón estaba intacto. Y él habló.

—Solo tengo una pregunta —dije—. Por pequeña que sea, ¿no hay posibilidad de que el embarazo finalice con éxito? Si eso es una certeza, quiero escucharle.

Guardé silencio esperando respuesta, que no fue inmediata. Eso volvió a levantar mi mente. Uno de ellos rompió el silencio, pero su voz ya no era tan firme ni sus palabras tan contundentes:

—A ver… por poder, puede que haya alguna posibilidad, pero no lo sabemos. Y ante la duda, lo mejor es curarse en salud.

Mi respuesta sí fue inmediata:

—Respeto mucho su tiempo y opinión, pero esos miedos y dudas les pertenecen a ustedes. Mi decisión no puede basarse en sus dudas ni en lo que creen. Eso no es una certeza.

Me levanté de la silla con intención de despedirme, y el mismo médico que había hablado por última vez me dijo:

—Espera, debes firmar estos papeles donde reconoces que has recibido atención médica, descartando ayuda profesional y siendo, a partir de ahora, única responsable.

Volví a sentarme para firmar aquellos papeles y, antes de marcharme, los médicos, estrechando sus manos con las mías, me dijeron:

—Ojalá tu decisión sea la correcta. Solo nos queda desearte suerte.

De mi boca salió un:

—Gracias, muchas gracias.

En mi mente, un pensamiento que no expresé: la suerte no existe; solo un conformista se aferra a la suerte para no tener que decidir. Salí de aquel despacho y caminé sin mirar hacia atrás.

Un propósito inquebrantable

Esa misma tarde me fui a trabajar. Tenía un propósito firme: no iba a poner mi atención en los miedos y creencias de los demás. Eran suyos, no míos. Y sabiendo que allí donde ponemos nuestra atención es donde ponemos nuestra energía, tomé una decisión que llevé hasta el final del embarazo: no permití que mi mente sostuviese ningún pensamiento limitante.

Me decía a mí misma: Soy perfecta. Y bajo ese pensamiento actué con normalidad.

Dirigí mi atención a trabajar, para estar en constante movimiento y tener mi mente ocupada y despreocupada. Y lo conseguí. Trabajé 12 y 14 horas diarias hasta el día antes del parto. Si pude hacer esto, es obvio que no tuve ningún problema.

Pero aún quedaba el parto… otro de los miedos de los médicos…

Si conseguía llegar a ese momento, no hace falta que describa el esfuerzo brutal que implica traer a un hijo al mundo. En mi caso, me vinieron a decir que el momento del nacimiento sería una ruleta rusa.

Ignoré eso hasta el último día, donde también tomé una decisión.

Trabajé el viernes. Sí, es cierto que ese día, después de horas, me sentía más cansada de lo habitual, y en cuanto llegué a casa me fui a dormir.

El sábado por la mañana, al despertar, supe que era el día. Mi cuerpo había cambiado de ritmo y mi experiencia pasada había hecho que reconociese de inmediato las señales que manda. Siempre hay señales.

¿Cuál fue mi decisión? No ir al hospital enseguida. Quería que la naturaleza siguiese su curso y sabía que allí, dados mis antecedentes, seguramente manipularían el curso a seguir, y no quería ninguna consecuencia innecesaria.

Me centré en la respiración. Es el primer paso para hacerse con el control. Una vez que se consigue, la quietud en la mente está garantizada.

Conseguido ese estado, integré una normalidad, a pesar de ser muy consciente de que ese día era diferente. Sé que todo esto puede resultar muy complejo, pero es más simple de lo que parece: se llama autocontrol, autodeterminación y un acto de fe.

Un acto de fe es el acto de creer y aceptar algo intangible o sin evidencia empírica, desafiando paradigmas limitantes para expandirte más allá de lo conocido.

Había tomado una decisión firme de cómo quería hacer las cosas y, como no quería opiniones de unos y otros, y mucho menos una discusión que alterase mi estado, no le dije absolutamente a nadie que estaba de parto…

El silencio antes del grito

Preparé todo lo que iba a necesitar para llevarme al hospital, también lo de mi bebé. Comí con mi madre y hermana, que en ningún momento se dieron cuenta, pues mi actitud, gestos y palabras no me delataban.

En el más estricto silencio, iba controlando el tiempo entre contracción y contracción. Tras la comida, descansé un par de horas manteniendo la concentración en cada uno de los sentidos, la respiración y los pensamientos.

Después me preparé un baño de agua caliente con música de fondo y disfruté ese momento sin pensar en nada más.

A las ocho de la noche, cuando las contracciones eran cada cinco minutos, le dije a mi madre y hermana:

—Hay que ir al hospital. Mi hijo va a nacer ya.

No daban crédito a mis palabras, pues mi tranquilidad era aplastante. Incluso dudaron y me lo hicieron saber.

—Tengo contracciones cada cinco minutos —repetí—. Tengo que ir al hospital ya.

Una vez allí, me ofrecieron una silla de ruedas para llegar a la zona de paritorios. Lo agradecí, pero dije que prefería ir caminando.

Ya en la sala donde te preparan, comprueban las contracciones y la dilatación. Me dijo la matrona:

—Vienes con ocho centímetros de dilatación. La epidural queda descartada. El nacimiento es inminente.

Eran las consecuencias por mi manera de proceder, que por supuesto asumí. No hubo palabra ni queja por mi parte. No había roto aguas.

En cuestión de minutos, la dilatación pasó de 8 a 10. Rompieron la bolsa e inmediatamente el destino era el paritorio. Era una distancia corta, pero fui caminando hasta allí.

Fue un parto rápido. Solo hubo una pequeña complicación: por alguna razón que la matrona no entendía, el niño no se movía ni intentaba empujar para salir. No quedó más remedio que utilizar la ventosa.

A pesar del dolor, mantuve la calma.

Minutos después descubrimos con asombro el motivo de su no colaboración: nació dormido, tranquilo y dormido.

La magia del primer encuentro

Mi amado hijo nació a las 10:20 de la noche y, junto con él, dos semillas brotaron en mí: la del amor incondicional y la del instinto de protección. Sin duda, las piezas más grandes e importantes de mi gran puzle.

Aún no había cumplido los 22 años, pero sabía que este antes y después sería el más significativo de toda mi existencia.

Jesús dijo: *El que llega no nace de la sangre, ni de la voluntad de la carne, ni de la voluntad del hombre, sino de Dios. Toda forma que ocupe un espacio en la tierra le pertenece al Padre.*

Ya en casa, con él a mi lado, escribí:

Tropecé con tu esencia y así empezó nuestra historia de amor. Has llegado con tu espada de Godric, haciendo magia en mitad de un desierto. Ya estás aquí junto a mí. He cogido tu manita y te he susurrado: prometo amarte y cuidarte más allá de esta vida, en cada una de las vidas que viva, porque te elegiré en todas ellas. Lo sé.

Voy a enseñarte a pisar fuerte y dejar huellas bonitas, a creer en la magia que hay en ti y en todo ser vivo. Te enseñaré a mirar más allá de una apariencia. Besaré tu alma cada día para que no olvides que solo el amor mueve el mundo. Y mi mundo ahora está del revés: es el cielo quien sujeta mis pies.

Tu llegada ha dibujado alas blancas en mi espalda, y en mi interior ha despertado un caballo alado llamado Pegaso, del que tomaré prestada su esencia para hacer brotar fuentes y manantiales, y así encuentres el camino directo donde moran los dioses.

He cogido la primera huella que has traído a este mundo y, a lomos de Pegaso, la he llevado a todos y cada uno de los anillos de Júpiter para que el universo entero sepa que ya has llegado, que ya estás a mi lado. Empieza el viaje.

La rutina del reloj

A los tres meses del nacimiento de mi hijo me reincorporé al trabajo. Los siguientes dos años se redujeron a trabajar y cuidar de mi bebé. Sí, parecía lo correcto, la actitud responsable que debía tener, pero la verdad es que entré en una dinámica que me mantenía estática en todos los aspectos.

Mis días pertenecían al tiempo; el reloj en mi muñeca se volvió inseparable, tanto que cronometraba absolutamente todo. ¡Sí, ya lo sé, una locura!

De una hora a otra trabajaba, luego a una hora exacta debía estar en la guardería. La siguiente hora y media se reservaba para limpiar y poner un poco de orden en casa.

Ni un minuto más, porque justo a tal hora tenía que regresar a la guardería. Y así, sin descanso, una y otra vez, día tras día, durante dos años enteros.

Visto lo visto, mi Dios decidió hacer un movimiento; esta vez no tan radical, pero sí un movimiento directo. Toda causa tiene su efecto, pero ¿sería suficiente para hacer jaque mate a los programas limitantes que aún habitaban en mi mente?

Capítulo 7: Encuentro inesperado en la barra del tiempo

Era fin de semana, principios de junio, y el buen tiempo invitaba a la gente a salir más, lo que para mí suponía jornadas de trabajo interminables. Había algo positivo en aquella situación: mis amigos iban al bar donde yo trabajaba a tardear o a tomarse unas copas por la noche, algo que me encantaba.

Ese día, en especial, estaba mi cordobesa siempre presente en esas cosas extrañas que me sucedían, junto a mi amiga Mariajo y un primo mío que terminó siendo amigo de mis amigos.

Siempre ocupaban el mismo sitio, la esquina de la barra; desde ahí podían verme en todo momento, e íbamos interactuando entre mis idas y venidas en aquella larga barra en la que hacía kilómetros.

Para aquel momento, en concreto, ya llevaba trabajadas unas diez horas y estaba bastante cansada, y aún quedaban al menos cinco horas más de trabajo.

En un pueblo todos nos conocemos, era raro ver entrar en el bar alguna cara nueva, pero esa noche, sobre las nueve, un desconocido cruzó la puerta y se sentó al lado de mis amigos.

Podía haber elegido una de tantas mesas, tanto dentro como fuera, en la terraza, pero prefirió un taburete en la barra.

Era un hombre pequeño, no muy alto, de unos sesenta y cinco años, de cara redonda. Llevaba unas gafas muy pequeñas y escaso pelo, sólo a los lados; en la parte superior de su cabeza, unas gotitas de sudor que limpió con unas servilletas.

Desprendía una tranquilidad absoluta; hacía todo de una manera calmada, como a cámara lenta, algo que me llamó mucho la atención. Yo vivía acelerada y hacía todo rápido, pensé.

La cara y la cruz de una misma moneda.

Y en ese preciso momento, él me miró y me sonrió.

Volví a pensar: ¿Lo habré verbalizado sin darme cuenta? Pero no, sólo lo había pensado. Asombrosamente, aquel señor volvió a mirarme y esta vez soltó una carcajada.

Reconozco que me quedé paralizada.

A continuación, como si nada, me dijo:

—Por favor, cuando puedas, me pones una tónica con mucho hielo y dos trozos de limón.

No abrí la boca, sólo asentí con la cabeza.

Miré a mi cordobesa; sabía que estaba pendiente y analizando tanto al señor como la situación que se estaba creando.

Me acerqué a él con su bebida y le dije:
—Aquí tiene.

Me miró fijamente a los ojos, me sonrió y dijo:
—Gracias.

Continué trabajando. Era hora de las cenas y todas las mesas empezaban a estar ocupadas.

Mientras recorría la barra una y otra vez, escuché a mi cordobesa, con ese desparpajo que ella tiene, hablar con aquel personaje. No me sorprendió. Ella nunca juzgaba, aceptaba a todo el mundo y le resultaba muy fácil entablar conversación.

Yo iba continuamente a esa esquina de la barra por granizados, a por hielo —la máquina de hielo estaba justo donde estaban ellos— o por refrescos, que también estaban en esa zona.

Una de las veces, mi cordobesa me dijo:
—Te va a caer bien, dice cosas muy interesantes.

Cansada de tanto trabajo y saturada, contesté:
—No tengo tiempo para esto.

Pensaba que él no me había escuchado, pero aquel hombre contestó:

—Parece mentira que alguien como tú sea esclava de un reloj.

La frase era contundente, pero su tono de voz era amable y respetuoso.

Creo que eso me enfadó más y esta vez, sí, dirigiéndome a él, le dije:

—Usted no me conoce de nada, no sabe nada de mí.

Con toda la calma que lo caracterizaba y un gesto tierno en su rostro, comparable al de un padre, me dijo:

—He venido hasta aquí solo para hablar contigo, pero no tengo prisa, cuando tú quieras.

Estaba entre enfadada y sorprendida, y le contesté:

—Eso no va a pasar, no pierda usted su tiempo.

Sin indignarse por mi tono de voz y mis palabras, volvió a sonreír y manifestó:

—¿Mi tiempo? Ahora mismo es este y no hay otro.

—¿Y si después de este momento no existe nada más?

Entonces hizo una pregunta a la que él mismo respondió:

—¿Crees que debo preocuparme por algo que no tengo?

—Lo único que sí tengo y es real es este, es este instante.

Y agregó:

—Hace calor esta noche, ¿me pones otra tónica? Ya sabes, con mucho hielo.

Seguidamente, añadió:

—Vamos a hacer una cosa. Este refresco mide el tiempo en que aún estaré aquí y será suficiente para que apartes tu escudo y hables conmigo.

Tras esas palabras tan vehementes, tan seguro de lo que decía, mi mente empezó a ir a mil. Era como si me estuviese anunciando un futuro que estaba a punto de suceder.

Terminé de servir a unos clientes y mi cordobesa me llamó y me reveló:

—He intentado hablar con él, hacerle alguna pregunta y su respuesta es siempre la misma: solo he venido para hablar con ella. Habla con él, ¿qué puedes perder?

Decidí hacerlo, me puse frente a él y le dije:

—Primero quiero disculparme, usted ha sido amable en todo momento y yo todo lo contrario. Aquí estoy, ¿qué quiere decirme?

Sonrió y expresó:

—Déjame ver tus manos, no tengas miedo, no voy a tocarte, solo quiero ver.

La barra nos separaba; él estaba a un lado y yo al otro. Extendí mis manos y le miré fijamente, esperando alguna palabra.

Me entendió y habló:

—En tus manos hay innumerables caminos que ya has recorrido hasta llegar aquí, y te pregunto, ¿qué haces aquí?

Esa pregunta me descolocó y contesté:

—¿Aquí? ¿Dónde?

Aquel hombre llevaba dos horas sentado detrás de la barra y era la primera vez que su gesto era más serio. Me dijo:

En un sitio como este, diez y quince horas día tras día, tú no estás aquí para esto. Vives acelerada, pendiente de un reloj que te va marcando el tiempo gastado. Vives rodeada continuamente de ruido y eso te mantiene distraída de la verdad, y no eres capaz de recordar lo importante.

Te digo recordar porque lo importante ya está dentro de ti. Un nudo apretaba mi garganta y mil pensamientos azotaban mi mente, pero logré decir: tengo un niño de dos años, muchos gastos y pocas opciones, ¿qué otra cosa puedo hacer?

Me pidió permiso para coger mi mano. —¿Puedo? — Con un gesto le dije que sí.

Puso mi mano entre las suyas e instantáneamente tuve una sensación de protección. Su mirada era una puerta abierta de par en par y yo, como buena observadora que era, me adentraba más y más, y vi que no había muros ni dobleces en la mirada de aquel hombre. Solo había ternura y más ternura.

Inevitablemente, me acordé de Carmen. Era increíble como personas extrañas despertaban en mí emociones tan bonitas. Tras unos segundos, ese hombrecito misterioso rompió el silencio y habló.

En ese momento me di cuenta de que definitivamente escuchaba mis pensamientos, pues dijo:

—¿Ves? Eres afortunada, hay manos inesperadas que sujetan fuerte y no dejan caer. El mundo está lleno de opciones, solo hay que saber mirar en la dirección correcta.

Me quedé perpleja y a mi mente empezaron a llegar imágenes, personas y palabras de todo lo que había tocado mi alma para bien.

Vi con exactitud detalles y matices importantes que estaban dormidos dentro de mí, pero estaban. Volví a sentir las mismas emociones, el calor, la fuerza. No sé si pasé en ese estado segundos o minutos, perdí la noción del tiempo.

Él me trajo de vuelta. Los siguientes minutos él habló y yo solo escuché. Narró episodios de mi vida que no sé cómo sabía, pero lo sabía.

Sentimientos que estos produjeron en mi persona, la causa y efecto. Le miré intrigada e insistió en que debía mirarlos de frente, solucionarlo y dejarlos ir, que era un trabajo personal necesario que tenía que hacer para poder avanzar. Que hay opciones a cada instante, cuando se aprende a mirar con el ojo que todo lo ve, el tercer ojo, lo invisible se vuelve visible.

Después volvió a detenerse en mis manos y me dijo:
—Es tan maravilloso lo que tengo ante mí, pero no puedo decírtelo.

Le miré intrigada e insistí:
—¿A qué te refieres? Cuéntame.

Me respondió con ternura:
—Hay cosas que debo decirte, pero otras no puedo; tendrás que ser tú la que llegues a ellas.

Guardé silencio, supe que no le debía comprometer.

Me lo agradeció con una sonrisa y añadió:

—Fuiste una cirujana muy reconocida en otra vida, y en otra una gran defensora de los derechos humanos y de los más necesitados.

Mi mirada desprendía incredulidad y le dije:
—¿Y en esta vida? Mira.

Él contestó:
—En esta tu nombre se alzará más aún que en esas dos vidas juntas. Déjame mostrarte algo.

Puso sus manos extendidas a diez centímetros de las mías.

Cerró sus ojos un momento, después levantó sus manos a la altura de mi cara y dijo:
—Observa.

Lo que ocurrió a continuación me marcaría para siempre.

Dejé de escuchar la música de fondo. A los clientes, que ajenos a todo, cenaban tranquilamente como cada fin de semana. Todo era silencio, un silencio que me regalaba tanta paz que sentí que flotaba. Tampoco veía a nadie, incluso aquel hombre dejó de existir en mi campo visual.

Seguidamente, empecé a ver puntos diminutos de luz de colores: Dorados, plateados, violeta, verde, blanco y azul. La luz de aquellos colores era intensa y eran miles. Mis ojos, abiertos como platos, miraban en todas las direcciones. Levanté la cabeza y no conseguí ver el techo, solo aquellas luces viniendo hacia mí.

Al mirar hacia abajo no encontré el suelo ni mis pies. Miles de aquellas luces de colores trepaban por mis piernas. Levanté mis manos y miré. Las luces vestían mi piel. Recorrí con la mirada mis brazos, mi cuerpo. Solo pude ver aquellos puntitos de colores y luz brillante en constante movimiento envolviéndome por completo.

De repente, el escenario volvió a ser el de antes. Lo primero que vi fue la sonrisa de aquel hombre. Y mi asombro no me dejaba articular palabra. Pero mi mirada estaba clavada en sus ojos. Y me entendió.

De pronto, volvió a arropar mi mano con las suyas y dijo:

—Eso es de lo que estás hecha, lo que hay dentro de ti. Empieza a usarlo.

Me sentía tan asombrada, pero a la vez tan aturdida que decidí ir al baño dos minutos para hacer unas respiraciones profundas y mojar mi cara. Conseguí tranquilizarme y controlar la mente, y desde esa calma salí del aseo con muchas preguntas que hacer a mi nuevo amigo.

Fui directamente al sitio donde llevaba sin moverse más de tres horas. No estaba. Pregunté a mis amigos y dijeron que les dijo que salía un momento fuera a tomar un poco de aire. Corrí fuera. Le busqué en cada mesa de la terraza. Miré a un lado de la calle y al otro. Y no había rastro de él…

Aquel hombre desapareció igual que apareció. De la nada. Volví dentro.

Era hora de recoger y limpiar. Aún me quedaba hora y media de trabajo. Todo ese tiempo no le quité la vista a la puerta con la esperanza de que volviese. Pero eso no ocurrió.

Dentro de mí sabía que no iba a volver, pero mi deseo era más grande que mi intuición…

Entre copas y silencios: Luces invisibles, almas compartidas

Había terminado mi jornada, estaba agotada emocional y físicamente. Y aun así le dije a mi cordobesa:

—¿Queda algún sitio abierto? Me da igual dónde sea. Necesito una copa.

En la intimidad que nos ofrece un par de copas y una conversación cerrada, mi cordobesa no tardó en preguntar. Su pregunta revolucionó mi mente.

—¿Qué mirabas con tanto asombro? ¿Qué has visto?

Aceleré. Ella estaba a dos metros de mí cuando sucedió. Y me estaba haciendo esa pregunta.

No podía ser. Y le dije:
—¿Cómo qué he visto? Tú estabas ahí junto a mí.
—¿Me estás diciendo que tú no lo has visto?
—¿En serio me estás diciendo eso?

Su respuesta me lo confirmó:

—No he visto nada. Pero ha sido alucinante ver cómo mirabas a tu alrededor con tanto asombro.

Cómo extendías los brazos y te mirabas de arriba abajo. Era obvio que estabas viendo algo que los demás no veíamos. Por eso, en cuanto he podido, te he preguntado y vuelvo a hacerlo.

—¿Qué has visto?

Le expliqué con detalle lo que había vivido. Y terminé con una frase donde mi tono de voz sonó algo derrotista. Incluso la llamé por su apellido. Con temas serios solía hacerlo. En el grupo de amigas, éramos varias las que nos llamábamos Isabel. Para identificarnos unas de otras, teníamos que hacerlo así.

Le dije:

—Ríder, tal cual te lo he contado. Te lo prometo.

Mi cordobesa cogió mi mano y me dijo:

—Lo sé, cariño. Lo sé.

Ya lo he dicho en páginas anteriores, pero quiero repetir: Para mí, Ríder, eres mis ojos si yo no veo. Y mi voz, si hablar no puedo. Te quiero, hermana. Y aquí dejo unas letras para ti.

A la cordobesa

Ven, coge mi mano y vamos despacio.
Despacio, sí, que también se llega.

Ya sabes que dicen y repiten:
el tiempo no espera,
que es oro,
que vuela y no regresa.

¿Y a nosotras, qué?
Nosotras sin prisa,
que también dicen que no es buena,
que las cosas de palacio van despacio.

Porque está permitido parar,
poco o mucho,
el tiempo que sea necesario.

Pero no olvides, amiga,
que se deja huella también parado,
porque el camino sigue siendo camino.

Y si hay que apartar piedras,
lo hacemos:
a ratos, a días,
cómo y cuándo se pueda.

Ya sabes, no hay prisa.

Pero hay algo que sí tenemos:
Paciencia.

Y sí, sé que también murmuran que la paciencia
tiene un límite,
pero tu límite y el mío
lo vamos a poner allá arriba,
en el cielo,
junto a las estrellas,
entre las nubes.

Y así dejamos huellas allí,
por si alguien se pierde,
para que tropiece con ellas.

Eres una gran guerrera.

Sigue dando pelea,
siempre.

Aunque la vida duela,
aunque apriete de más,

Ponte los guantes y pelea.

Te adoro.
Y el mundo también,
porque haces de él un lugar
mejor y más bonito.

Gracias por existir y por tu luz.

Mil gracias, hermana de alma.

Capítulo 8: Cuando la vida te sacude

Después de aquella experiencia, fueron días de pensar y pensar mucho. Notaba que algo dentro de mí había cambiado, pero no sabía exactamente qué.

Incluso tuve algún comportamiento involuntario, como despertar una mañana, quitar el reloj de mi muñeca y guardarlo en un cajón. Desde entonces, nunca más he vuelto a llevar reloj.

Pasados tres meses, a falta de uno para cumplir 24 años, se dieron varias circunstancias que me llevaron a tomar decisiones.

Era septiembre. Las fiestas del pueblo estaban cerca. Mis tíos, que regentaban el bar donde yo trabajaba, decidieron pedir licencia al ayuntamiento para poder poner un chiringuito de copas en las fiestas.

Por aquel entonces, el ayuntamiento contaba con una gran esplanada, algo separada de las atracciones, los puestos de comida, de juguetes y la carpa donde cada día había una actuación y baile. En esa esplanada, casi todos los bares del pueblo querían un sitio para poner su chiringuito de copas.

Con todos los chiringuitos uno cerca de otro, se iba formando un gran círculo, y en el centro, una gran mesa de mezclas donde iban alternándose varios DJS. Lo cierto es que el éxito era rotundo y venía mucha gente de todos los pueblos cercanos. Mis tíos consiguieron la tan ansiada licencia y empezamos con toda la preparación.

Iban a ser días de vértigo: durante el día, atender el bar, y por la noche, horas y horas poniendo copas. Efectivamente, la intensidad fue brutal. Me voy directamente a la quinta noche de los seis días que duraban las fiestas.

Mis tíos estaban a primera hora de la noche; después se marchaban porque había que abrir el bar a las ocho de la mañana, la misma hora en la que yo atendía a esos pocos valientes que aún quedaban y cuyo lema era "la última copa y nos vamos". Mientras tanto, iba rellenando las cámaras hasta arriba para la siguiente noche. Mi tía abría el bar y mi tío venía a ayudarme a cerrar aquel gran kiosco, de puertas laterales de hierro pesadísimo, que yo era incapaz de abrir o cerrar sola.

Sobre las nueve de la mañana ya estaba todo preparado para esa última noche. Estaba agotada y necesitaba dormir. Me acerqué a mi tío, que estaba hablando con el dueño de otro chiringuito, y me dijo: "Sí, sí, vámonos ya, voy detrás de ti".

Cogí el coche y me metí por el largo camino de tierra. A un lado estaba el recinto ferial, vacío, sin gente. Al otro lado, un descampado interminable que hacía uso de aparcamiento. A esa hora no había muchos coches, solo algunos de aquellos que, por su bien, tomaron la decisión correcta de volver caminando a casa. Lo que sí había eran grandes camiones y caravanas que se habían convertido por unos días en la residencia de innumerables feriantes.

Ya llegaba casi a mitad del camino cuando vi una escena que me quitó el sueño de golpe…

La noche que cambió mi destino

Había tres hombres que peleaban con una chiquilla que se defendía con uñas y dientes, pero no conseguía zafarse de ellos. Al ir acercándome, me di cuenta de que ella lloraba y gritaba. Le tapaban la boca y ella se tiraba al suelo, dando patadas para evitar que se la llevasen. Su camisa estaba rota.

Ellos intentaban arrastrarla detrás de aquellos grandes camiones. Miré por el retrovisor y sentí una gran angustia al no ver el coche de mi tío detrás de mí.

No había tiempo para barajar opciones o permitirme entrar en pánico. Y una vez más, mi instinto de supervivencia y mi ausencia de miedo actuaron. Estaban tan ebrios que hasta que no estuve a tres metros de ellos no fueron conscientes de mi presencia. Yo permanecía dentro del coche con el motor encendido. Lo que estaba presenciando era tan aterrador que busqué a Dios y le supliqué.

La muchacha estaba de rodillas. Detrás de ella, uno de ellos le sujetaba por el pelo y tiraba de ella hacia arriba, gritando: "¡Levántate!". Ella no obedecía, y él tiraba más fuerte y la arrastraba por el suelo. La miré fijamente, vi que estaba agotada de tanta pelea, y la poca energía que le quedaba la utilizó para mandarme un grito desgarrador:

— "¡Ayúdame!".

Uno de esos tres hombres vino hacia mí. Lo único que me separaba de él era la puerta del coche. Intentó abrirla, pero evidentemente no pudo. Yo había bajado los seguros de las puertas, lo que provocó en él una mezcla explosiva, la mezcla del alcohol y una furia desmedida. Al grito de "¡Abre, puta!", le siguieron golpes y golpes a la ventanilla. Temí que la rompiese.

Su mirada me decía la clase de persona que tenía enfrente y lo reté con la mía con firmeza. Decidí dar marcha atrás; le asustó ese movimiento. Sin dejar de mirarle, empecé a dar acelerones con el coche. Mi intención era hacer mucho ruido y que pensasen que era capaz de atropellarlos. Funcionó, conseguí ponerlos nerviosos. Uno de los otros dos gritó: "¡Vámonos, tío!". El que vino hacia mí empezó a caminar hacia ellos sin dejar de mirarme.

Vi cómo la chica escapaba de ellos y, a duras penas, intentaba llegar al coche. Aceleré y me acerqué hacia ella. Subí los seguros de las puertas y, parada en ese punto, volví a dar acelerones para seguir con el ruido y con la amenaza de que, si era necesario, pasaría por encima de ellos.

Yo misma abrí la puerta del copiloto, la agarré del brazo y la arrastré hacia dentro del coche. Estaba a punto de desmayarse. Volví a bajar los seguros y, para mi asombro, al mirar de nuevo al frente, me topé de nuevo con esa mirada. Aquel hombre tenía sus dos manos apoyadas en la parte delantera del coche, pensando que así nos inmovilizaría.

La muchacha, dando botes en el asiento por la crisis nerviosa que estaba sufriendo, gritaba: "¡Nos van a matar, nos van a matar!". Estaba fuera de sí. Puse mi atención en él, le dejé ver en mi mirada cuál era mi intención y, por si eso no era suficiente, le dije mientras pisaba el acelerador: "Hasta el fondo, te quitas o te quito, tú decides".

Aquel hombre supo que hablaba en serio y, en el siguiente acelerón —donde yo ya había levantado el pie del freno— se tiró a un lado del camino. Los otros dos individuos ya habían salido corriendo unos segundos antes.

Si os estáis preguntando por qué no utilicé el teléfono, la respuesta es que estaba guardado en el bolso, en la parte de atrás del coche. Ante la posibilidad de que esa distracción pudiese cambiar el curso de las cosas, descarté hacerlo. Todo esto ocurrió en muy pocos minutos y tenía que ir tomando decisiones a cada segundo sin saber si eran las correctas. Cuando no hay tiempo y hay una emergencia, solo queda confiar en el instinto.

Paré en una calle, lejos de aquel camino. Era urgente asistir a esa chica a la que no conocía de nada y di por hecho que no era del pueblo.

Cogí la chaqueta que estaba en los asientos de atrás y la tapé; estaba semidesnuda. Quería también, con ese gesto, que sintiese protección. Seguía con unos temblores tan violentos que parecían convulsiones. Era el miedo manifestándose a través de su cuerpo. La abracé fuerte y le dije: "Estás a salvo, respira despacio y profundo". Yo también lo necesitaba; hicimos unas respiraciones juntas.

Cuando tomó el control de su cuerpo, le dije: "Ahora vamos a pedir ayuda". Esta es mi historia con ella, todo lo que aconteció después pertenece a su intimidad. Puedo añadir que ella estaba en ese camino porque acababa de terminar de trabajar, al igual que yo. Y se dirigía a la estación para coger un autobús y volver a casa.

Con 22 años, era una profesional del sector. El dueño del bar más conocido del pueblo —un hombre inteligente y de mundo—, sabiendo la experiencia de esta chica, la contrató para trabajar en su chiringuito de copas. Sin saberlo, llevábamos cinco noches muy cerca la una de la otra.

Faltaba trabajar ese último día de las fiestas. Por supuesto, ella no vino y yo, al pasar de nuevo por ese camino, me di cuenta de que algo se había roto dentro de mí, y en mi mente resonaba la misma frase recurrente que aquel hombrecito me dijo varias veces: "Este no es tu sitio".

Supe en ese momento que no había retorno, que debía cambiar el rumbo. Los siguientes días mi ser entró en un estado de conflicto y lucha interna. Y escribí.

Hay días que la vida te sacude, que te pone de rodillas, y esos días existen, sí. Porque la vida va en serio y, en el momento menos esperado, estás invitado a un baile donde tus pies están descalzos. Un portazo dentro del alma la despierta y, al mismo tiempo, la paraliza, y justo ahí, en esa mitad caprichosa, la locura es jodidamente inevitable.

Porque perder el equilibrio asusta; ni valientes ni cobardes. Si la tierra tiembla, ¿a quién no le tiemblan los pies con ella? Esos días existen, sí, y el mundo te parece de plastilina. Hoy voy a mirar el mundo desde dentro hacia afuera.

No quiero pelea con la vida, con nada, ni nadie, ni conmigo. No quiero guerra en mi mente, ni prisa en mis tacones. Quiero calma.

Hoy me basta una pequeña ventana para mirar de vez en cuando. Algún recuerdo bonito mientras escucho de fondo una balada a puerta cerrada. Hoy me basta algún trozo de mi memoria que no esté muy desgastado, que me haga sonreír, sin pensar en nada más, en nada menos, sólo en mí.

Me basta algún sueño pequeño, sin dueño, que no sepa dónde ir y se pose en mis manos hasta que llegue la noche y se vuelva verdugo del tal temido insomnio. Tal vez el mío, tal vez el tuyo. Suficiente el hoy.

El mañana me produce vértigo, me sobra y no lo quiero. Porque hay días y días, y hoy es suficiente con poco. Lo mucho hace demasiado ruido.

No hay ganas y no pasa nada. Porque hay días de esos en que se te escurre la vida. ¿Y qué? Está permitido caerse, y quizás tirados en el suelo, desde esa perspectiva aprendamos a contar estrellas y descubramos que el infinito no lo poseen ellas.

Está en nuestros ojos y, tal vez sin darnos cuenta, en ese aquí y ahora hemos ganado un pulso más a la vida. Puede que ese sea el secreto: aquí, ahora. Este momento.

Tras esos días de derrumbe psicológico y emocional, supe que había llegado el momento de limpiar escombros y volver a construir. A pesar de la ruina, sentí un llamado en mi interior.

Ese fuego no era desconocido para mí. Reconocí al fénix resurgiendo de mis entrañas y susurrándome movimiento y cambio. Dejé el trabajo y, lejos de sentir que perdía seguridad y estabilidad, me sentí liberada.

Lo cierto es que la memoria siempre ha sido mi hogar nómada, y me gusta asomarme para ver lo que ésta sostiene en el tiempo y rescatar sensaciones y recuerdos para no olvidar de lo que realmente me mueve por dentro. Reconstruir no es volver a lo mismo, sino crear desde el fuego interior, desde esa chispa indomable que nunca se apaga.

Capítulo 9: Mi tercer encuentro con la muerte

No pasó mucho tiempo cuando me fui a trabajar a un restaurante ubicado en la autovía. En un sitio así, automáticamente quedaba descartada la rutina. El 90% eran clientes de paso, lo que suponía caras nuevas cada día. No era necesario crear ni mantener esa complicidad que sí busca un cliente asiduo. Y eso me gustaba. Bastaba un buen servicio y trato para que, si en otra ocasión esas personas pasaban cerca del restaurante, su opción fuese parar allí.

Era fácil dar un buen servicio teniendo a disposición las dos joyas de la corona: su cocina y su bodega de vinos. Los platos eran elaborados, innovadores y de calidad. La carta de vinos, exquisita.

Las primeras horas de la mañana eran un no parar. Al lado del restaurante había un surtidor de gasolina donde la gente repostaba y aprovechaba la parada para desayunar antes de continuar con el viaje.

A las 12 empezábamos a preparar los dos comedores para las comidas. La sala del menú era para esos viajeros que hacen un alto en el camino para comer en media hora y continuar con su marcha.

El comedor de carta era todo lo contrario. La gente no tenía prisa. La prioridad era disfrutar de una buena comida y un buen vino. Trabajar en una sala u otra exigía distintos protocolos.

Éramos un equipo de trabajo muy bien organizado. Había personas con el mismo rol cada día. La función por desempeñar dentro del equipo no cambiaba.

A pesar de integrarme bastante bien en el grupo, a mi jefe le parecía que mi comportamiento era anárquico y despegado del resto. Lejos de ser esto un problema, consideró que era la persona adecuada para dirigir a los demás. Me enseñó a trabajar en ambas salas, a diferenciar un ribera de un rioja o un reserva de un crianza, incluso las denominaciones de origen.

También los programas que contenían los ordenadores, ordenados meticulosamente, y no era para menos: desde ahí se hacían todos los cambios y se guardaba toda la información. Intentó también enseñarme todos los secretos de la cocina, pero ahí me resistí por dos razones.

Soy algo negada para el arte culinario y, además, eso suponía pasar tiempo en el mismo sitio, y yo necesitaba movimiento. Ir de aquí para allá me hacía sentir libre. Mi jefe, que se molestó en conocerme bien, entendió que yo funcionaba mejor si me sentía aire.

Llegar a ese entendimiento fue lo mejor, sobre todo para el negocio. Estaré eternamente agradecida por la confianza depositada en mí y, lo más importante, todo el conocimiento transferido, porque **hay cosas que no tienen precio: tienen valor.**

Transcurrieron dos años sin darme cuenta, trabajando muchísimo y cuidando de mi niño. La dinámica era exactamente igual que la de tiempo atrás, solo había cambiado de lugar. Ese ruido continuo no dejaba espacio en mí para nada más.

Mi Dios consideró que de nuevo estaba equivocando las prioridades y volvió a mover hilos.

Esta vez dejó a un lado la sutileza. Para mover mis cimientos fue necesario el *"polvo eres y en polvo te convertirás"*. Y en polvo quedé reducida.

19 de julio de 2006, miércoles. Absolutamente nada me hizo presagiar que ese día tenía preparado para mí un viaje, pero no a cualquier destino. La muerte y yo volveríamos a compartir tiempo y espacio. Sin previo aviso se puso frente a mí para mirarme de nuevo a los ojos.

Sonó el despertador a las seis de la mañana. Tenía algo más de una hora para tomar un café, darme una ducha y prepararme antes de hacer el trayecto de 30 minutos que había de mi casa al trabajo.

El curso de las primeras horas fue el de costumbre: desayunos, un par de autobuses inesperados donde había que atender a 60 personas en 15 minutos y, acto seguido, con la misma rapidez, recoger y ordenar todo para continuar. Preparar y acondicionar los dos comedores con mimo y al detalle era mi responsabilidad.

Aquel sol abrasador de julio, unido a las carreras contra reloj que hacíamos, era agotador para todos. Aun así, nunca faltaban las risas y bromas entre nosotros. Miré a mi compañero y le dije:

— "Me estoy derritiendo, me voy a desplomar".

¿Cómo imaginar que dos horas después mi cuerpo colapsaría? ¿Cómo imaginar que dos horas antes mi subconsciente me estaba anunciando tal sentencia?

Dos meses después, cuando pude reflexionar sobre esto desde la calma, aprendí algo muy valioso y decidí que no quedase solo en una lección. A partir de ahí pensaría y hablaría con propiedad, siendo muy estricta y responsable de cada pensamiento y cada palabra.

Cuántos pensamientos tenemos y cuántas palabras decimos a lo largo de un día: miles y miles. Pues cada uno son decretos que hacemos, energía que movemos, y dependiendo de su frecuencia, tendremos una respuesta u otra.

Tomé la decisión de no hacer broma ni de las cosas más tontas. **El subconsciente no diferencia una broma de lo real: simplemente obedece y ejecuta.** Somos únicos responsables de lo que sucede en el exterior; siempre es el reflejo de lo que hay en nuestro interior.

En nuestro interior está la dualidad y el libre albedrío elegido muchos siglos atrás. En la mente de cada uno conviven dos guerreros muy diferentes. Las armas de uno son su prepotencia, abuso de su fuerza por su tamaño y una soberbia que termina siendo su propia trampa.

Al otro le basta una sola arma: su fe inquebrantable. Goliat le dijo a David:
— "Acércate y echaré tu cuerpo a los animales salvajes y a las aves carroñeras".

David contestó:

— "Tú vienes contra mí con espada, lanza y jabalina, pero yo vengo contra ti en el nombre del Señor Todopoderoso".

La fe de David derrotó al gigante y ascendió al trono como rey de Israel. Si ambos nos representan en muchos momentos de nuestra vida, ¿a quién dejamos ganar? Elegimos todo. Esta decisión también es nuestra.

Mi compañero, entre risas, abrió la cámara que tenía al lado, cogió una botella de agua fría y la lanzó a mis manos. Me refresqué y fui a echar un último vistazo a los comedores para comprobar que todo estaba en orden. Hora y media después empezó el servicio de comida.

Era habitual llenar los dos comedores y tener gente a la espera de que hubiese mesa libre. Y ese día no iba a ser menos, teniendo en cuenta también que estábamos a mitad de julio y había mucho más movimiento que en otras épocas del año.

En plena vorágine de trabajo, un dolor repentino en el estómago me dejó clavada al suelo.

Esperé unos minutos pensando qué pasaría, pero, al contrario de lo que deseaba, el dolor iba en aumento. Era tal el grado de intensidad que decidí ir al baño. Llegué con mucha dificultad y, una vez dentro, igual que un animal cuando va a morir y busca refugio en un rincón, eso hice yo.

Me arrinconé en la esquina de aquel baño y caí desplomada. Segundos después intenté moverme y, a pesar de tener una gran tolerancia al dolor, no fui capaz. En mi

113

mente, un solo pensamiento: desear que mis compañeros no tardasen en darse cuenta de mi ausencia.

Y, al ser hora de pleno servicio de comidas, diesen por hecho que algo raro estaba pasando y me buscasen. Gracias a Dios, así fue. De repente, la puerta del baño se abrió con tanta fuerza que se estampó contra la pared.

Ese golpe desagradable pintó mi mente de verde esperanza. Era Pedro, mi compañero con el que un par de horas antes había estado bromeando. Corrió hacia mí, sujetó mi cabeza entre sus manos mientras decía:
— "Isa, ¿qué te pasa?". Su voz, a pesar de estar a mi lado, me resultaba lejana.

El miedo empezó a apoderarse de él al ver que yo no reaccionaba y, dándome unas palmaditas en la cara, gritó mi nombre con fuerza. Eso me hizo volver. Le miré y le dije:
—Ve a buscar ayuda.

Igual que siete años antes, entré al mismo hospital y de la misma manera, por la puerta de urgencias.

No hubo protocolos ni espera. Dada la gravedad, me metieron directamente en un box de emergencia. La primera en venir fue una médica acompañada de un médico residente.

Comprobé ese día y los siguientes que había bastantes médicos en práctica, siempre supervisados por su adjunto.

Mi postura en aquella camilla era la de posición fetal. Tenía la sensación de que, si estiraba las piernas, daría permiso al dolor de extenderse y dominar mi cuerpo.

La médica, a pesar de ver que estaba bastante aturdida, quiso comprobar si era capaz de comunicarme con coherencia y formuló las típicas preguntas donde las respuestas son tan obvias que, si tienes que pensarlas, es que algo no va bien. Aún tenía el control de una mínima parte de mi mente.

—Tu nombre es Isabel, ¿verdad?
El tono de mi voz era bajo, pero hablé:
—Sí.
—¿Cuántos años tienes?
—Veintiséis.
—¿Sabes dónde estás?
—En el hospital.

A continuación, la médica sugirió que me pusiese de pie y diese unos pasos por la habitación. Me negué moviendo la cabeza de un lado a otro. Ella, sorprendida, insistió:
—Será solo un momento y te vuelves a tumbar.

La miré fijamente bajo esa luz blanca característica de los hospitales, donde da la impresión de que todo está al descubierto, y contesté:
—No es que no quiera, es que no puedo.
Salió del box y al momento regresó con otro médico. Después de eso vino otro y otro. Creo que pasaron por el box todos los médicos que trabajaban en ese turno de urgencias.

Al ver que mis constantes vitales empezaban a ser inestables y que mi cuerpo había alcanzado una temperatura de casi cuarenta grados, decidieron hacer una ecografía para ver si esta daba alguna pista de lo que estaba pasando en mi estómago. Aquella prueba, tan inofensiva e indolora, fueron diez minutos de auténtica tortura. Cada vez que presionaban el abdomen con el transductor del ecógrafo, el dolor era tan intenso que varias veces perdí el conocimiento.

En los momentos en que estaba consciente, intentaba prestar atención a lo que ocurría a mi alrededor. Fue entonces cuando escuché a la especialista que estaba haciendo la ecografía decir a los médicos que estaban presentes:

—No veo nada, está todo bien.

Uno de los médicos contestó:
—No puede ser, tiene que haber algo, vuelve a mirar.

La especialista obedeció y, pasados tres minutos, reiteró y repitió:
—Está todo bien, no hay nada fuera de lo normal. Siento no haber sido de mucha ayuda.

De nuevo en el box, mi cuerpo empezó a convulsionar. Una enfermera gritó:
—Tiene casi cuarenta y dos de fiebre.

Uno de los médicos dijo:
—Buscad hielo, traed todo lo que podáis.

Los enfermeros corrían, iban y venían con hielo, con el que iban cubriendo mi cuerpo. Todos los médicos que habían ido pasando a verme estaban allí, rodeándome. El servicio de urgencias se quedó paralizado; todo el movimiento estaba concentrado en un único sitio: mi box.

Yo apenas podía abrir los ojos; solo escuchaba voces y voces cerca de mí diciendo mi nombre, preguntándome si los escuchaba, pero yo no reaccionaba a ningún estímulo externo. El frío de aquella montaña de hielo o el calor de aquella temperatura descontrolada de mi cuerpo, como la lava, me era indiferente. Había dejado de sentir mi cuerpo; no sentía nada porque mi espíritu estaba a dos metros sobre él.

Ahora veía con lentitud todo lo que estaba pasando: las máquinas, a los médicos y enfermeras haciendo de todo, pero en estado de pánico, incluso el suelo mojado a causa del hielo que se iba derritiendo. Podía ver y escuchar todo. Es entonces cuando, al verme en esa camilla con los ojos cerrados, me di cuenta de que no estaba viendo con mis ojos físicos.

De repente, una voz desvió mi atención:
—Las pulsaciones están por debajo de cincuenta.

Uno de los médicos salió corriendo del box y volvió enseguida acompañado de otro médico. Era el director de urgencias. Se acercó a mí y, cuando ese hombre cogió mi mano, de inmediato sentí su tacto. Emocionada por esa sensación, moví los dedos entre sus manos y él me dijo:
—Isabel, ¿puedes abrir los ojos?
Abrí los ojos lentamente, apreté su mano y le dije:
—Me estoy muriendo.

Pude ver en sus ojos inquietud y miedo por mi respuesta, pero, como gran profesional que demostró ser, se recompuso en unos segundos y, tomando las riendas, empezó a dar órdenes:

—Preparadla, nos vamos a quirófano.

Una enfermera dijo:
—Su familia aún no ha llegado.

Él contestó:
—No hay tiempo, no podemos esperar. ¡La quiero en el quirófano ya!

Esa fue su última frase mientras corría para prepararse mientras yo llegaba. Las enfermeras cogieron el suero y las medicinas que colgaban del soporte para suero y lo pusieron encima de mí, junto con una bolsa que contenía mis efectos personales. El celador recibió la orden y salieron todos corriendo por el pasillo empujando la camilla.

En ese momento solo podía pensar en una cosa y había un único destinatario para mi pensamiento. Durante esa carrera, y hasta que la anestesia me sumió en un sueño profundo, hablé con Dios:
—Padre, déjame quedarme más tiempo. Tengo un hijo que aún me necesita. Te lo suplico, ayúdame.

Capítulo 10: Dios respondió, mi tercera resurrección

Tras muchas horas desperté desubicada y con miedo. Recuerdo que pensé:

—¿Sigo viva?

Empecé a experimentar un *déjà vu*. Recorrí con mi mirada la sala, a los enfermeros que iban y venían y, a continuación, examiné mi cuerpo. Esta vez, al menos, tenía más movilidad. Levanté la sábana y vi dos tubos que salían de mi estómago, que transportaban sangre a unas bolsas que tenía a ambos lados de la cama.

La enfermera se dio cuenta de que había despertado y avisó al anestesista, que vino a comprobar si estaba bien. A continuación, vino el último médico que me vio y la primera médica que me atendió cuando llegué al hospital. Él tomó la palabra:

—Isabel, ¿cómo te encuentras?

Contesté un:
—Bueno… bien —con resignación. Y le pregunté—: ¿Qué me ha pasado?

Él me contestó:
—¿Recuerdas cuando me dijiste "me estoy muriendo"? Pues era cierto. Mi trayectoria y experiencia me han enseñado a saber que, cuando un paciente dice "me estoy muriendo", casi siempre es así. Por eso decidí

meterte a quirófano a ciegas, sin saber qué te pasaba, actuar de alguna manera para intentar salvar tu vida.

Paró unos segundos para dejar que mi mente asimilase sus palabras y continuó:

—Llegaste hasta aquí con una perforación en el intestino delgado, para ser exactos en el duodeno, acompañada de una hemorragia interna importante y crítica.

La causa ha sido una bacteria llamada: *Helicobacter pylori*. Lo más asombroso es que la ecografía no reveló nada y, si se puede sacar algo bueno de todo esto, quizás sea eso. Si hubiésemos visto en la ecografía lo que estaba ocurriendo dentro de ti, sin dudarlo te hubiésemos abierto en canal, desde el pecho hasta el ombligo.

Al no verlo, te hemos hecho una laparoscopia. Empezamos con una incisión para introducir una cámara y ver qué pasaba. Al ver la gravedad y, para poder limpiar todo lo que la hemorragia iba invadiendo, hemos tenido que hacer otras cuatro incisiones.

Hemos dejado dos drenajes que tendrás que llevar durante días para que vayan limpiando cualquier resto que haya quedado. Yo no decía ni palabra, sólo escuchaba, y él terminó diciendo:

—Acabas de despertar de una anestesia, han sido horas muy duras y sé que es mucha información. Sólo quiero que sepas que está todo controlado y que estés tranquila. Los próximos días hablaremos, porque vas a tener que estar aquí un tiempo. Ahora intenta descansar.

Extendí mi mano hacia la suya y la recibió con cariño. Con lágrimas en los ojos le dije:

—Benditas tus manos, gracias.

Cuando me quedé sola pensé que lo mejor era dormir un rato para recuperar energía, pero antes tenía una conversación pendiente con mi Dios para mostrarle mi agradecimiento.

—Señor, no soy digna de que entres en mi casa, pero una palabra tuya bastará para sanarme.

Pasé en el hospital 45 días, los primeros 22 sometida a un ayuno riguroso y severo. No pude ingerir sólidos, ni líquidos en todo ese tiempo, ni un trago de agua; era necesario para que mis heridas internas curasen.

Recuerdo la primera bandeja de comida después de tantos días de ayuno, sobre todo las sensaciones: la acción de llevar comida a mi boca, degustar y saborear cada bocado, beber agua y sentir una cascada bajando por mi garganta. Al cerrar los ojos ahora, muchos años después, un escalofrío recorre mi mente y vuelvo a sentir esa magia.

Mes y medio en un hospital son muchos días, sí, pero esta vez, a pesar de los drenajes y las vías, podía moverme. Dentro de esa situación era independiente y fue más llevadero. A la bacteria hubo que seguir tratándola después, seis meses, con una medicación bastante fuerte y pruebas y más pruebas.

Nunca supimos cómo llegó hasta mí. **Esta fue mi tercera resurrección**, un dato curioso del que, a lo mejor, ya os habéis dado cuenta. Y no lo llamo casualidad, porque no creo en las casualidades; pues todo está conectado. **Las tres resurrecciones ocurrieron el mismo día de la semana: miércoles.**

¿Por qué? Sé que hay una respuesta, y algún día lo sabré.

Y hablando de que todo está conectado, doy un salto en el tiempo de 12 años. Tenía 38 años cuando mi hematóloga decidió que me tenían que extirpar un bulto que tenía detrás de la rodilla. No sería una intervención invasiva; de hecho, el mismo día estaría en casa. Estaban en el quirófano conmigo un par de enfermeras y el anestesista, que utilizó anestesia local. No era necesario dormirme entera.

Una vez estaba todo preparado, se abrieron las puertas y entró el médico que iba a llevar a cabo la extracción del bulto. Lo que ocurrió a continuación simplemente me parece maravilloso. Se acercó hasta mí y me saludó. Yo le respondí con una sonrisa, y aquel hombre se quedó literalmente petrificado. Cuando reaccionó, me dijo:

—Tú llegaste muy mal al hospital y hubo que operarte de urgencias por una perforación en el intestino.

Me quedé perpleja y le dije:
—Sí, así es. ¿Cómo lo sabes?

Su respuesta me dejó impactada:

—Tú no me recordarás, pero yo nunca me olvidaré de ti. Ese día yo estaba en ese turno de urgencias. Era médico en prácticas. No intervine en tu operación, pero sí estuve presente en el quirófano para ver cómo trabajaba mi adjunto y poder aprender a actuar ante una situación tan crítica. Y hoy, doce años después, ya como médico, estoy al frente de tu intervención.

Sin salir de mi asombro, le pregunté:

—¿Cómo es posible que, al verme, sepas que soy yo? Han pasado muchísimos pacientes, innumerables personas.

Su respuesta despertó en mí cariño y admiración:

—Hay momentos trascendentales en la carrera de un médico. Uno es ese primer paciente que, con mínimas posibilidades de vivir, sobrevive. El otro es ese primer paciente que muere. Tú fuiste mi primer paciente que volvió de la muerte. Te he reconocido al momento porque tu imagen está grabada en mi mente.

Fue emocionante y bonito. Pasamos toda la intervención hablando. Guardo ese día y esa conexión tan extraordinaria en mi corazón.

Vivir desde el espíritu

Volvamos ahora atrás en el tiempo, a mis 26 años, después de mi tercera resurrección. Fue un periodo de pequeños cambios, meditados desde lo más profundo de mi ser, que acabaron sumándose para convertirse en los más importantes de mi vida.

Me di cuenta de que la frase "el dinero puede comprar casi todo" no era cierta. Todo lo contrario: el dinero no puede comprar nada que sea esencial. **Lo fundamental es asunto del espíritu.** Y algo dentro de mí me arrastraba con fuerza a querer vivir la vida desde el espíritu.

Hablé con mi jefe y llegamos a un acuerdo que nos favorecía a los dos. Hubo épocas en que trabajaba de 11 de la mañana a 5 de la tarde. Trabajar menos horas me permitía pasar más tiempo con mi hijo y reducir considerablemente ese ruido externo que tantas veces me había separado de mí misma.

Las épocas de más trabajo, como el verano o las fechas señaladas —Semana Santa o puentes, cuando había operación salida de miles de personas—, trabajaría más horas. Conseguí, de esta manera, ir equilibrando mi mente, cuerpo y espíritu.

Entre tanto cambio, hubo algo que nunca dejé de hacer: escribir…

Cuando todo late igual, se repite el mismo ruido. Es por eso por lo que a veces busco y elijo el silencio. Y sí, puede ser que siempre vaya a contracorriente, que salte cuando todos están quietos. Y puedo sentarme descalza, café en mano, mientras todos están corriendo. No tengo remedio.

Porque cuando todo late igual, a mí me queman los inviernos. En cambio, me hace sonreír este agosto mojado, deshaciendo lo esperado. Porque, cuando el cielo se vuelve loco, la tierra y su ombligo menguan. Para que muevan los hilos los dioses, los locos o los poetas. Y es que, si todo late igual, a mí me brotan sapos y culebras.

Cruzo los dedos detrás de la espalda, por si mi pecado es demasiado grande y me quedo sin espacio, sin paciencia, sin ganas, y me vuelvo de nuevo ausencia. Y es que, si todo es importante, todo pierde importancia.

Capítulo 11: Irene, la que me sostuvo sin armadura

Ya con 30 años, mi parte más salvaje estaba anestesiada. Todas esas piezas habían ido ocupando su respectivo lugar, dando forma a mi puzle. Pero una forma no implicaba significado o sentido.

Había áreas en mi vida que habían sanado, sí, con la ayuda de todos esos maestros y situaciones. Pero que hubiesen sanado tampoco implicaba renovación. Y esta era necesaria para, primero, poder mostrar el camino y recorrido, y, segundo, la reforma, regeneración y renacimiento.

Mi Dios, único ser que jamás soltó mi mano, que jamás me abandonó y me levantó entre los muertos, que bajó a los infiernos para tocar mi corazón y mostrarme el camino correcto, siempre sabio y justo, consideró que había llegado el momento de hacer justicia divina.

Jesús dijo: *Ciertamente ninguna disciplina en el momento de recibirla es agradable, sino más bien penosa. Sin embargo, después produce una cosecha de justicia y paz para quienes han sido entrenados por ella. Aquellos que después de la batalla se han mantenido en la fe recibirán la corona de justicia por mi Padre, único juez justo que otorgará en su día a todos los que con amor y fe hayan esperado su venida.*

La corona de justicia llegó para mí, con nombre propio, Irene, un ser humano extraordinario y excepcional que, viniendo de un mundo tan diferente al mío, totalmente opuesto, estudió con calma mi puzle y, lejos de poner juicio, puso ternura, empatía y comprensión. Valiente ella.

Irene venía de una familia unida, de padres protectores. Su infancia fue tranquila y feliz. Su padre, gran persona y muy inteligente, trabajó desde muy joven de manera independiente. Su trato con la gente era exquisito y, ante todo, honrado, siendo estas virtudes semillas que muy pronto dieron fruto y le permitieron abrir su negocio a escala mayor y en ascenso. Esto proporcionó a la familia seguridad financiera, un hogar estable y pacífico. Irene creció apartada de toda preocupación que por edad no le correspondía.

Esto le permitió desarrollarse de una manera sana y, por supuesto, con esas bases firmes y sólidas, su éxito en todas las parcelas de su vida a largo plazo estaba garantizado. Y así fue. Irene heredó de su padre el buen hacer, la constancia y disciplina, una increíble capacidad de trato con sus semejantes, cercana y comprensiva.

Se ganó el respeto de todos tanto por su profesionalidad como por su humanidad. Irene vivió su primer antes y después, de esos que marcan la vida para siempre y sin retorno, a los 38 años. Una llamada a las ocho de la mañana de aquel fatídico sábado, un 28 de agosto de 2021, paró el tiempo de repente.

Julián, el padre de Irene, se marchó en cuestión de segundos. Y es que a la vida le bastan unos segundos, un abrir y cerrar de ojos, un simple parpadeo, para cambiar el rumbo de las cosas para siempre. Bueno, a la vida y a sus colaboradores.

Julián salió al amanecer, como de costumbre, dirección al campo. Era su rutina cada fin de semana. Daba igual el tiempo que hiciese o si había estado trabajando de sol a sol durante la semana. Su campo era sagrado. Cuando ocurrió la tragedia, ya solo se dedicaba a trabajar la tierra. Llevaba tres o cuatro años jubilado.

Aquel sábado, a finales de verano, Julián compartió tiempo y espacio con un opuesto. Él, madrugador, iniciaba el mismo camino que llevaba haciendo año tras año. La otra persona, trasnochadora, con prisa porque se le había hecho de día y una mente alterada por la bebida.

El desenlace, por el exceso de velocidad, el alcohol, la irresponsabilidad y la falta de respeto al prójimo, dio lugar a un accidente de tráfico y a la muerte en el acto de Julián, dejando a una familia destrozada, en especial a su mujer y a sus dos hijas, sin opciones, obligadas a luchar contra emociones y sentimientos que desbordarían a cualquier ser humano.

La marcha de Julián dejó una difícil gestión y un proceso largo y duro, al no haber despedida, un último abrazo, un "te quiero" o un "gracias por tanto y por todo". Cuando un vacío es repentino, es desgarrador.

Pero aquí dejó su legado y su esencia, y su esencia sigue viva en su mayor y más bonita creación: sus dos hijas.

Jesús dijo: *La muerte de los justos es para aquellos que han vivido con rectitud y sin maldad. Parten de este mundo sin sufrimiento, de manera repentina o, a menudo, mientras duermen.*

Cuando un justo muere, al momento encuentra paz y descanso. Así te fuiste de este mundo, Julián, en un suspiro, y en un suspiro también estabas en el reino de los cielos, frente a la puerta de los justos, abierta para ti. Los que continúan aquí aún siguen buscando justicia en tu nombre.

Antes dije "valiente Irene" porque, a pesar de descubrir en mí una dimensión que nada tenía que ver con ella, se quedó. Para dar sentido y significado a mi puzle, para llenarlo de magia y colores, pero, sobre todo, ya con mis cimientos saneados, iniciar la reforma y reconstrucción. Junto a ella emprendí el viaje más enriquecedor, gratificante y asombroso de mi existencia.

Irene y yo nos conocimos en el trabajo. Ella venía una vez a la semana al restaurante. Es una gran comercial y representante, muy conocida y reconocida en la zona.

A pesar de su gran don de gentes, no fue fácil para Irene llegar a mí de una manera más íntima. Mi condición, mi estructura mental y mi manera de percibir lo que me rodea me hacían parecer distante e inaccesible. El mundo me resulta complicado cuando predomina un lenguaje sarcástico e irónico, algo que parece haberse vuelto una moda: decir una cosa cuando se piensa lo contrario o hacer broma de las cosas serias. Esta forma de comunicar es difícil para una mente como la mía, que funciona de manera literal.

Pero una pregunta directa, sin adornos, bastó para que ese día Irene y yo nos miráramos frente a frente:

— "¿Te encuentras bien? ¿Te pasa algo?"

Fue la pregunta que dio comienzo a todo. Yo, que acostumbraba a decir a todo el mundo "estoy bien" para no tener que dar explicaciones, dije la verdad. "La verdad que no, estoy agobiada y triste".

Por aquel entonces, una persona muy querida para mí estaba en la fase final de una enfermedad terminal. La pregunta de Irene fue una puerta inesperada que se abrió de par en par y que ya jamás se cerraría.

No puedo definir con una sola palabra quién es Irene para mí. Irene es cómplice y confidente de mis días, es familia elegida, hilo rojo invisible, es sentimiento y emoción. Es un regalo del universo y una recompensa y bendición de mi Dios.

Lo más importante que me enseñó Irene fue a sentir y a creer. De los 30 a los 35 años se dedicó a regar cada día esas semillas que dormían en mí. Trajo al presente mi infancia inexistente y, tantos años después, viví por primera vez todas esas primeras veces que no había vivido.

Mi lectura aquí es que mientras hay vida da igual los años que uno tenga. Pueden nacer principios y comienzos en cualquier momento. De verdad os digo que estos no están sujetos a fecha ni calendario.

Descubrí en mi 31 cumpleaños que ese día era mi día y que había que darle la importancia que merecía. Irene se encargó de que fuese especial y, lo más importante, que yo también sintiese que el día de mi cumpleaños era especial y no un día más. Tengo que reconocer que al principio me resultó extraño, era una energía a la que no estaba acostumbrada y no resonaba conmigo, pero Irene se empeñó en que debía reconocerla, celebrarla y disfrutarla.

Cómo olvidar aquel primer cumpleaños. Desperté con una llamada de teléfono que se adelantó al despertador. Descolgué y, al otro lado, Irene cantándome "cumpleaños feliz". Y esa no fue la única llamada.

Era tan grande su deseo de que yo no olvidase que era mi día que las llamadas se sucedieron a lo largo de este y, al descolgar, siempre la misma palabra: ¡Felicidades! Por supuesto, hubo tarta, velas y esa frase tan recurrente para el resto, pero nueva a mis oídos: "Cierra los ojos y pide un deseo antes de soplar las velas".

El afán de Irene dio resultado. Aquel día cumplía 31 años, cierto, pero aquel cumpleaños también asistió mi niña olvidada. Realmente Irene no despertó esa parte de mí, no se puede despertar algo que nunca existió.

Este evento tiene un solo nombre: nacimiento.

Irene parió esa versión de mí sin ser consciente de que había desafiado al mismísimo tiempo y espacio. Aquí nos adentramos en el tan estudiado mundo cuántico, que es el mundo desde donde yo opero y trabajo.

Hace quince años, Irene —una maestra imprescindible en mi camino, aunque ella no lo supiera— **me mostró el**

único motor real: el amor desinteresado. Ese amor que no solo orienta la energía y las frecuencias hacia el rumbo correcto, sino que también las transforma con justicia, impulsa el movimiento necesario y exige la responsabilidad que todo ello conlleva.

Yo, que ya llevaba años habitando el rol de observadora, pude integrar rápidamente aquel aprendizaje. Por fin, ese recorrido obligatorio comenzaba a tener sentido... y a dar sus frutos.

Después de tantos años, mi gran puzle me regalaba una comprensión exacta a todos los porqués. Encontré sentido a todo el caos que me rodeó desde mi nacimiento y entendí que ese era el camino correcto, único camino para alcanzar el cometido. Solo en la adversidad podía despertar al ser y dejar en un segundo plano al humano y lo mundano.

Al hacerme consciente del camino y de cada paso, pude, e hice, las paces con la vida, con mi familia y, especialmente, conmigo misma. Ya sabéis, nunca dejé de escribir...

He aprendido a amar el camino y cada paso, cada rincón del recorrido, cada calle, la que me llevó a algún sitio, incluso la que no.

Me he empapado el alma de cada historia, he visto mundos nuevos en ojos despiertos y guardado lecciones de ojos cansados. Me he encontrado manos abiertas a cambio de nada, salvando mis miedos. También he burlado al destino en algún momento. He caído al barro y, aun así, he bailado sola, y sola mil veces he gritado a nadie, a la nada.

He abierto puertas para más tarde cerrarlas, a veces despacio, sin hacer ruido, otras con un sublime portazo. He corrido demasiado por sitios hermosos donde debería haber parado y soñado un poco. También he paseado por lugares por los que jamás tendría que haber pasado.

Porque la vida es así, nos presta un día cada día y, nos guste o no, hay que decidir. No me busco en el pasado, allí ya no hay nada para mí, ni siquiera yo. Ya no soy aquella, soy el ahora, y es aquí donde me encuentro. Pero amo el recorrido, porque si miro hacia atrás, es el que me ha hecho ser quien soy, a veces loca, a ratos cuerda.

Así transcurrieron los siguientes cinco años, descubriendo emociones nuevas para mí de la mano de Irene, y lo más importante, aprendiendo a asignar el lugar correcto a todas ellas. Fue un trabajo bastante complejo para mí, pues las emociones y mi mente nunca habían sido compatibles, y ese separatismo impedía cerrar el círculo y el ciclo que en esos momentos la vida me exigía. La gran inteligencia emocional de Irene fue milagrosa, creando la metamorfosis justa en el momento justo.

Eso es magia. ¿Veis la magia?

Inevitablemente, dejé letras en papel que han perdurado en el tiempo. Y entonces, le escribí:

La parte que más admiro de ti es esa que sostienes cuando es difícil estar conmigo. Solo tú, capaz de asomarte a mis vértigos y hacerles un guiño, así, sin armas ni armadura, los haces tuyos y los pateas fuerte como yo. Me miras, me sonríes y tus palabras son la cura para mi alma cuando sueltas: 'Y ahora, que se joda el mundo'".

Estallo de risa y te pregunto: ¿Ahora qué? ¿Saltamos? Me dices: "No, ahora hace demasiado frío. Prepara café, yo voy a por un par de mantas y miramos llover. Ya mañana declaramos la paz a tus gigantes." ¿Qué decirte? Eres y serás eterna en mi eternidad. Gracias por existir.

Capítulo 12: El orden que sostiene el alma

Mi Dios, siempre presente, también obedeció al orden. Me detengo aquí un instante para que le deis sentido a lo que quiero decir con "el orden". Las leyes de Dios, las que rigen el universo, son inquebrantables. Así las cumplas o no. Porque aquel que no las cumpla vivirá en un ciclo constante y repetido, en un sinsentido hacia todo lo que le rodea. Esto, a mi juicio, se llama resistencia y viene del ego.

El opuesto a la resistencia es la rendición, y en ese punto exacto empiezas a fluir de manera natural con la vida, al igual que una flor o un pájaro. Eso es la esencia. Que por mucho que nos empeñemos en ponerle disfraces es imposible, pues esta no se modifica y es inalterable.

Por eso, cuando se dice que alguien ha tenido un despertar, no se trata de otra cosa que, de su rendición, porque ha entendido que las leyes deben ser respetadas y su estado se vuelve natural, integrándose al estado de la naturaleza creada de una manera perfecta, donde solo hay cabida para un estado de paz, armonía y equilibrio.

Volviendo a la ley del orden, os diré que es inamovible. Absolutamente todo, desde lo más pequeño a lo más grande, pasa por un orden que debe ser respetado, y de no ser así, se vuelve a la casilla de inicio hasta que el entendimiento venza al ego.

No puedes esperar a que las cosas cambien para tú cambiar la energía. Eso nunca sucederá. No es el orden. Cuando cambias la energía y te haces consciente y responsable de ella, las cosas cambian. Todo cambia. Ese es el orden. Buscar otros caminos es perder el tiempo. El orden es inamovible y es imposible burlarlo.

¿Estamos obligados a cumplir estas leyes? No.

El libre albedrío existe y la decisión es individual. No es obligatorio, pero cabe recordar que no se puede servir a dos señores a la vez, porque no se puede ser leal a dos intereses o propósitos que son completamente opuestos.

Sabiendo esto, aquí sí estamos obligados a decidir, a elegir y a escoger. Y como se trata de algo individual, cada individuo tendrá que hacerse cargo de sus decisiones y consecuencias.

Hace tiempo escribí:

Doy gracias a la vida por poner frente a mí cada día el libre albedrío y la dualidad. Desde ahí elijo y prefiero cada mañana, sin dudar, las mismas cosas.
El primer café junto a los primeros rayos de sol y a mis pájaros cantándome, dándome los buenos días.
Una oración agradeciendo un nuevo amanecer y una respuesta que viene de lejos, pero siento dentro de mí, y sonrío.
Una rosa creciendo en silencio, un ladrido repentino que me dice: ¿y mi paseo? Un cielo azul, gris o negro. Todos los colores visten y son bonitos, todos ellos.

Y sí, prefiero todos los días lo mismo dentro de las mil posibilidades que ofrece este libre albedrío. Esa es mi elección. Cuando no necesito nada, lo tengo todo.

La voluntad divina: del dolor al propósito

Obedeciendo al orden que Él mismo estableció para su creación, mi Dios consideró que era el momento perfecto para seguir haciendo en mí su voluntad.

Para apartarme aún más del ruido externo que me entretenía e intoxicaba, usó un viejo truco muy conocido para mí. Volvió a marcar mi cuerpo, induciéndome a un nuevo estado mental para dejar mi espíritu al descubierto. Causa y efecto. Después del efecto, remendaría mis heridas como venía acostumbrando a hacer conmigo.

Una vez más, mi cuerpo dejó de pertenecerme, mi cerebro y él parecían dos extraños condenados a compartir espacio.

Obviamente, tuve que dejar el trabajo y pasé de esa actividad a estar postrada meses en una cama.

Ya contaba con entrenamiento y disciplina pasada ante las situaciones límite. Por eso, a pesar de la adversidad y siendo muy consciente de que todo está dirigido para un para qué, decidí entrar en un estado mental de quietud. Lijé mis pensamientos y, conseguida esa textura suave, desde ahí mandé amor a mi cuerpo. Fui compasiva con él, respeté sus límites y, día tras día, mes tras mes, le hice saber que éramos uno. El templo es mente, cuerpo y espíritu, y no puede haber separación.

El trabajo interno estaba hecho, ahora tocaba dejar paso a las manos expertas para sanar la materia.

Llegué a esa operación porque día a día las limitaciones físicas eran mayores. Trabajar se volvió un reto para mí. Perdía el equilibrio constantemente, e inmediatamente intentaba recomponerme para que no se notase y no crear alarma en mi entorno. Pero después llegó el dolor, cada día más intenso y limitante. El dolor se extendió desde la espalda a ambas piernas.

Intentar disimular esta situación fue imposible, pues día a día fui perdiendo las facultades de caminar y moverme. Los traumatólogos decidieron hacerme las pruebas pertinentes: placas, TAC y una electromiografía, para comprobar el estado de las terminaciones nerviosas y evaluar la función de los nervios y músculos.

El TAC reveló que había mucho más que un desgaste. Los discos intervertebrales —los que se encuentran entre las vértebras de la columna y permiten que esta se mueva, se doble y se gire— no es que estuviesen dañados: es que directamente no existían. Y la única solución era poner en su lugar placas de titanio, para no tener que vivir en una silla de ruedas con tan solo 35 años.

Después de varias pruebas y más de un debate sobre lo que podría suponer una operación así con tan solo 35 años, los cirujanos no vieron alternativa. El quirófano era parte del camino que me tocaba transitar; no hubo resistencia, solo aceptación.

El 21 de mayo de 2016, en cuestión de segundos, la anestesia invadió mi cuerpo y mente, quedando anulada mi voluntad.

Produce vértigo quedar suspendida en ese limbo sabiendo que, mientras tanto, a tu alrededor y en ti están sucediendo cosas, pero mi último pensamiento bajo esa luz blanca tan intensa y molesta fue uno: — "Mi Dios, aquí estoy ante ti, dame valor y fuerza para esta batalla".

Horas después desperté. A pesar de la confusión por los restos de anestesia que había que ir expulsando en las siguientes horas, más la morfina vertida a través de mis venas, reconocí de inmediato aquella sala y ese reloj colgado en la pared que me ayudó a ubicarme en el tiempo.

Mi cuerpo no tardó en captar la atención de mi mente; un dolor espantoso me hizo recordar por qué estaba ahí.

Una herida cerrada por 30 grapas recorría mi espalda, la que más tarde vestiría mi piel con una nueva cicatriz. Esa herida abierta a conciencia permitió a los cirujanos alojar en mi columna placas de titanio sujetas con tornillos para fijar y estabilizar las vértebras dañadas y garantizarme una mejor calidad de vida.

La recuperación fue lenta y dolorosa, pero hice todo lo contrario a lo que se esperaba después de una operación de ese calibre. Al día siguiente de la cirugía, pedí a los médicos libertad de movimiento. Estaba sondada; exigí que me retirasen la sonda. Instantes después, me levanté de la cama y me puse en pie.

Me ofrecieron un andador, que no acepté, y emprendí el primer paseo por el largo pasillo, siempre cerca de la pared, que se volvió mi apoyo y protección.

También me negué a que se me administrase más morfina. No quería estar en las nubes, preferí estar con los pies en el suelo y ser muy consciente de la situación y el proceso, para instalar cuanto antes en mi mente la nueva realidad y desde ahí ayudar a mi cuerpo.

Los médicos respetaron en todo momento mi manera de hacer, tanto así que, sin haber pasado dos días de la operación, hablaron conmigo. Sus palabras fueron:

—Isabel, te operamos el jueves por la tarde, ahora es sábado por la mañana. Una cirugía así requiere más días de ingreso, pero ante una situación de fortaleza como la tuya y siendo tú la que has decidido el ritmo, te damos la posibilidad de darte el alta hoy e ir a casa. Tienes derecho a permanecer aquí si así lo deseas, al igual que ir a casa si lo prefieres. Te dejamos la decisión a ti. Piénsalo y en un rato nos dices qué has decidido.

Sonreí y, muy agradecida por el respeto con el que se dirigían a mí, contesté:

—No necesito un rato. Primero, muchísimas gracias por todo y, segundo, si todos estamos de acuerdo y no supone ningún problema, podéis preparar los informes de alta. Me marcho a casa.

Ella, la médica que tomó la palabra desde el primer momento también sonrió y añadió:

—Cualquier cosa que necesites o si notas algún cambio donde consideres que requieres atención médica, no dudes un segundo en volver. Aquí estaremos.

Volví a agradecer sus palabras y esperé con calma toda la documentación para poder abandonar el hospital.

Ya en casa, seguí con la misma dinámica de obligar a mi cuerpo con amor y, muy poco a poco, a ir haciendo cada vez más cosas.

Las noches fueron la peor parte. Estar dormida suponía no estar consciente y el cuidado era imposible. Todo movimiento involuntario, en especial los más bruscos, me despertaba con un dolor tan intenso que me paralizaba hasta la respiración.

Las noches fueron una auténtica tortura, donde varias veces me llevaron al límite mental y a tanta desesperación que me tocó pelear con mucho esfuerzo para volver a tener el control.

Por aquel entonces escribí:

Me di cuenta pronto de que la vida iba en serio, no por dura ni por frágil. Entendí que es una estancia, quién sabe por cuánto tiempo, un paseo, un viaje de ida.
La vida, un asunto con nosotros mismos. No hay que buscar fuera, pues la batalla es interna.
Solo cuando silenciemos nuestros demonios y espantemos nuestros fantasmas, cuando ardamos mil veces y mil veces resurjamos de nuestras cenizas, solo entonces podremos darnos a los demás.

Pelear continuamente con el mundo, con su gente, indica un alma enferma que hay que sanar. La salud del alma es el verdadero viaje.

Capítulo 13: Mensajes encriptados

Después de tantos acontecimientos vividos —muchos de ellos rozando la frontera entre la vida y la muerte— he comprendido que nada es casualidad. Dios y el universo, en su infinita paciencia, me han regalado más de una oportunidad para permanecer aquí, y yo no puedo ignorar los mensajes que, de una u otra forma, llegan hasta mí.

Si todos anhelamos un mundo mejor, debemos colaborar. No hay mayor pecado que conocer el bien y no practicarlo. Los antiguos dejaron advertencias, señales encriptadas en los escritos que atravesaron siglos, y aunque algunos las llamen metáforas, yo sé que son claves para el despertar.

La Biblia, más que un libro religioso, es el mayor tratado de metafísica y física cuántica que existe. Allí, entre sus páginas, se esconden palabras que resuenan en mi mente una y otra vez. Una de ellas, particularmente, se presentó ante mí con insistencia: mandamiento. Y como acostumbro a hacer, desmenucé su raíz hasta llegar a la esencia:

Manda – miento.

El que manda, miente. Quien manda, impone.

¿Y qué es la imposición, sino la anulación de la voluntad? Desde tiempos remotos nos advirtieron que habría quienes disfrazarían la verdad con órdenes, con dogmas, con leyes hechas para controlar desde el miedo. Sin embargo, los mandamientos en su sentido más puro no son órdenes: son sugerencias de responsabilidad, recordatorios para elegir el bien común y mayor.

También nos previnieron de falsos profetas, esos que dibujan a un dios a su antojo: un Dios que juzga, que castiga y condena. Así, bajo esa premisa, el miedo quedó instalado como semilla, y con él el control sobre las masas. **El ser humano, experto en torcer la verdad, encontró en la palabra su herramienta más poderosa.** Porque la palabra mal usada destruye, y puede ser la peor de las armas.

El lenguaje, disfrazado, se convierte en terreno fértil para el engaño. Es ahí donde el diablo, astuto, se cuela. La misma palabra lo revela: di-ablo. "Digo y hablo", lo externo, lo que viene de afuera. En oposición se levanta otra palabra, luminosa: Dios. Di-os, dite a ti mismo. Esa voz interna que, cuando hablas contigo mismo, no admite mentira porque **dentro de ti la falsedad no tiene suelo donde sostenerse**.

Ambos opuestos conviven en la mente como David y Goliat. Sabemos que no se puede servir a dos señores al mismo tiempo. Por eso, la elección está en la reflexión: di–os, dite a ti mismo qué es lo correcto, lo bueno no solo para ti, sino también para los demás, y desde esa verdad, ser y actuar.

"El que tenga oídos, que escuche". Todo está escrito desde los principios. Las señales siguen ahí, esperando al que se atreva a descifrarlas. La mente humana, diseñada de forma perfecta y excepcional, es capaz de seguir el

rastro de esas migas de pan que nos conducen, paso a paso, hacia el camino verdadero.

Capítulo 14: Renacer tras las cicatrices

Perdonar si he dado un salto en la narración, pero para mí era fundamental detenerme un instante y subrayar que nada es casualidad. Estoy convencida de que Dios y el universo tienen un plan, y que las señales están en todas partes; sólo necesitamos abrir los ojos y prestar atención.

Los mensajes encriptados que compartí en el capítulo anterior podrían haberse quedado en un simple inciso, pero en mi caso sentí la necesidad de darles un lugar propio, porque marcaron un antes y un después en mi manera de interpretar lo que vivía.

Y ahora, retomando el hilo de mi historia, puedo decir que tras aquel proceso de recuperación el dolor disminuyó, devolviéndome cierta estabilidad y equilibrio, lo suficiente para regalarme una mejor calidad de vida.

No, no era la misma vida acelerada de antes, ni mi cuerpo podía soportar horas y horas en movimiento, pero al menos podía respirar con menos peso encima. Quedaban más discos dañados que, según los médicos, también debían operarse. Sin embargo, tomé la decisión de rechazar nuevas intervenciones: supondrían una fijación que me robaría flexibilidad, y sencillamente siento que aún no ha llegado ese momento.

Cuando llegue ese momento, si es que llega, lo sabré. Para curar y despertar mi alma, mi cuerpo quedó lleno de estigmas. Como si de un mapa se tratase, todas y cada una de las cicatrices me recordarían siempre el camino: lo que he dado y lo que he aprendido.

Acepté que, una vez más, debía empezar una nueva vida en esta misma vida. Lo que no sabía es que este camino me llevaría a un renacer, a un reencuentro y fusión con mi versión más elevada y a una conexión con mundos superiores que me han regalado información y sabiduría. También con mundos dentro de este mundo nuestro que tenemos ahí y a los que no prestamos atención o no les damos la importancia que tienen.

Y ahí empezó todo, porque ya sabéis: **todo pasa por un orden que no se puede burlar**. Y el orden en ese momento para mí era desmenuzar primero el mundo que habitaba. Una vez logrado el entendimiento aquí, el orden me abriría las puertas allí.

Evidentemente, viví el recorrido sin saber dónde me llevaba exactamente, pero lo viví de una manera tan natural y sin resistencia que cada descubrimiento, lejos de asombrarme, me llevaba a una sola pregunta y a un único pensamiento: ¿Cómo he podido estar tan dormida? Miraba y no veía. ¿Cómo no he sabido ver todo esto antes?

Mi espacio sagrado

Mi nueva situación me obligaba a pasar la mayor parte del día sola. Para no sentirme tan enjaulada dentro de casa, elegí el que a mí me pareció el sitio perfecto para pasar más tiempo. El salón y la televisión nunca fueron una opción: apenas veo y consumo televisión.

Necesitaba un sitio que me conectase con la vida, un espacio que me regalase ruido bonito dentro de la nada absoluta. Tenía acceso a esa ubicación dentro de casa y se terminó volviendo sagrada para mí. Hoy en día lo sigue siendo.

Mi garaje, para guardar los vehículos, es bastante grande y al final de este comunica con el patio. Una puerta con cristal y una gran ventana es lo que separa una estancia de la otra. Decidí quedarme detrás de la puerta y del gran ventanal para protegerme del frío de los inviernos y del calor intenso de los veranos.

Lo acondicioné: una mesa, varias sillas y cuadernos y bolígrafos siempre a mano. A través del cristal, mis ojos podían contemplar la vida: innumerables plantas y flores visten mi patio. Las he visto crecer, sus procesos, sus colores. He visto nacer rosas en diciembre y cómo han resistido al frío.

Dentro del patio hay una caseta que usamos para algunos electrodomésticos —lavadora, secadora, caldera— que, de otro modo, ocuparían un espacio dentro de casa y que gracias a este lugar hemos podido evitar. Las paredes sujetan estanterías donde guardamos esas cosas que no son necesarias para el día a día. Mide unos tres metros de alto y unos cuatro metros de ancho. Por supuesto, tiene su respectivo tejado, que es a donde quería llegar.

Me gusta amanecer con el amanecer: el olor a oportunidad que regalan las mañanas, tanto como el olor a café que me lleva acompañando toda una vida. Es mi momento preferido del día y esa es mi rutina: café en mano, destino a mi espacio sagrado. Fue ahí donde empecé a observar a los pájaros.

Los pájaros y la puerta santa

Bajaban al patio en busca de comida y decidí poner sobre el tejado de la caseta agua y comida. Desmenuzaba el pan que había sobrado del día anterior, subía a la escalera y lo esparcía por todo el tejado. Este pequeño gesto se convirtió en un antes y un después mágico.

Abrí, sin saberlo, una puerta santa que renovaría mi relación con lo divino. El pan y el agua, algo tan común, se volvieron un hilo conductor, un lazo invisible que conectó mi espíritu a lo sagrado. Y de esa manera tan sencilla, siguiendo el orden establecido, ese tejado fue el primer escalón para mi ascensión, dando lugar a un nuevo comienzo que se convertiría en la versión más elevada de mi ser.

Mi parte humana y lo mundano quedarían relegados a un segundo plano para siempre. Aprendí cada día de la mano de mis pájaros —así los llamo: mis pájaros—. Son libres, sí, pero desde su libertad eligen venir aquí cada día.

Fui descubriendo que mi meditación consistía en la observación. Mi papel de observadora me conectaba de inmediato con frecuencias y vibraciones invisibles al ojo humano. De frecuencias y vibraciones estamos hechos todos, y todo ser vivo que se preste a habitar esta tierra.

Al volverme una con todo lo que me rodeaba, inevitablemente este estado me condujo al idioma universal. Creedme cuando os digo que no hay separación, que somos uno con todo y con el todo. Cuando despiertas a esto, la comunicación y el entendimiento con absolutamente todo lo que nos rodea, simplemente suceden.

Sobre la separación y el orden de la vida

Parada obligatoria para hablar de la separación, de este separatismo que se ha creado en nuestro sistema. Todo el mundo habla de que peligra el mundo, la supervivencia de la Tierra, y no es así. La Tierra, su vegetación y los animales siguen un continuo proceso natural una y otra vez. Eso les garantiza continuidad.

Cumplen de manera instintiva las leyes universales y el orden. Visto así parece fácil, pero esto no trata de nivel de dificultad: fueron creados incluso antes que nosotros y se les dio un lugar y un rol en este planeta para que la evolución del ser humano fuese posible. Son maestros sabios y silenciosos.

Voy a hablaros de hormigas. Sí, habéis leído bien: para hablar de lo grande, primero es necesario hablar de lo diminuto.

Las hormigas, una gran comunidad obrera, son capaces de hacer una construcción majestuosa y perfecta, comparable a un gran hotel con compartimentos elaborados a conciencia para sus necesidades. Si somos capaces de visualizar este escenario, hagámoslo; realmente es sagrado y mágico. Cada compartimento tiene su función para ellas.

Una de ellas vivirá apartada del resto y, en esa intimidad, protegerá los huevos, sabiendo que cerca de ella la función de otro grupo de hormigas es vigilar y custodiar su seguridad y la de su descendencia. El compromiso del resto dentro de la comunidad es garantizar la supervivencia. Para ello, recolectan y transportan comida de manera incansable, que van seleccionando y ordenando dentro de sus almacenes subterráneos. Su trabajo en equipo y su esfuerzo son poderosos.

Lo diminuto que puso al mundo en jaque: el coronavirus

Hablando de lo pequeño, quiero mencionar lo que sacudió y paralizó al mundo entero y donde fuimos todos, a la vez y al mismo tiempo, alumnos de una misma lección: el coronavirus. Y como nada queda al azar, en su nombre ya estaba la raíz.

Coronavirus. Corona — guion — virus. Un virus es un microorganismo muy simple, que solo se puede multiplicar dentro de una célula y que no tiene vida propia y, aun así, portó la corona y tomó el control del globo terráqueo. Por aquel entonces escribí:

Ayer etiquetamos la vida y hoy esta nos tiene en jaque. Hemos obviado lo que nos queda lejos. Hemos vuelto la cabeza ante el dolor ajeno y la destrucción. ¿Y ahora no entendemos esto? Hemos subestimado a lo pequeño; el poder es de los grandes. Y, mira tú, lo diminuto ahora es dueño de un planeta. No creemos si no lo vemos y nuestro mayor enemigo ahora es invisible, al igual que la fe.

No esperemos saber para creer: creamos. Venimos etiquetando personas, emociones, sentimientos, piel, pensamientos, actos, corazones. Ya había cosas importantes antes de las que ocuparse. Ayer etiquetamos la vida; hoy la vida, siempre sabia, vuelve a poner orden.

No sé a vosotros, pero a mí lo diminuto me inspira una admiración y un respeto enormes. Hay reinos que existen dentro de nuestro mundo, miles de mundos paralelos dentro de un mismo mundo.

Y es que siempre es dentro, como es dentro es afuera. Todo lo que es dentro tiene un sistema que es igual a una estructura compuesta de un conjunto de reglas, principios, datos e información. La comunidad de hormigas tiene su propio sistema, un virus invisible tiene su sistema, los gobiernos e instituciones tienen un sistema.

Y, como para las cosas importantes no hay excepción, nosotros, cada uno de manera individual, llegamos aquí con un sistema interno que, por supuesto, conlleva responsabilidad. Dentro de una persona hay tantos mundos como células tiene. Una célula es la unidad más pequeña que puede vivir por sí sola, unidad fundamental de los organismos vivos, capaz de una reproducción independiente.
Si el cuerpo humano está compuesto por aproximadamente 37 billones de células, ¿no os parece simplemente maravilloso? La cantidad de vida que hay en una sola persona, con un sistema independiente. Somos seres

crísticos. ¿Veis la magia? Pero irremediablemente debemos asumir la responsabilidad de este paraíso interno.

¿Por qué digo esto? Lo que da forma al mundo es la energía, los pensamientos, lo que hablamos, lo que transmitimos. Debemos dejar de delegar todo en el sistema e instituciones, en eso que llamamos "altos cargos" y sobre lo que vertemos toda la responsabilidad.

Cada uno de nosotros somos un alto cargo, a cargo de este mundo, y no, no hay excepción. Nosotros mismos iniciamos y propulsamos ese separatismo de naturaleza cruel y hemos consentido un sistema etiquetado. Incluso los sentimientos y emociones van acompañados de un post.

Nos hemos acostumbrado a vivir de una manera muy cómoda, pensando que nuestro lugar es esperar a que unos cuantos —los elegidos— hagan las cosas bien. Y, si no es así, nos sentimos con derecho a la queja y a "cortar la cabeza" al culpable de turno. Elegidos somos todos.

Este rol ha llevado al ser humano a vivir en un bucle constante, sin dirección. Nuestra energía vive dando vueltas en círculo, como en una lavadora gigante, y no le permitimos expresar, crear o resolver al no hacernos responsables de ella. La pregunta es: ¿por qué no queremos asumir esa responsabilidad?

Si no desbloqueamos y activamos de manera individual el sistema interno —la chispa crística que portamos y de la que somos herederos universales—, lo que corre peligro es la continuidad de nuestra especie, nuestra raza, no la Tierra.

El separatismo tiene una única dirección: el fracaso de la unión. La personalidad es una programación, una etiqueta más. No debemos tener personalidad; debemos tener identidad.

Dios en mis pájaros

Dios siempre busca la manera de hablar a través de nosotros. Mis pájaros fueron su manera de acercarse a mí. De las alas de mis pájaros empecé a volar sin moverme del mismo sitio.

Desde la observación, aprendí su comportamiento y a conocer su esencia. He disfrutado en silencio ver cómo se dan de comer unos a otros, cómo esperan su turno para beber agua. Es extraordinario ver el respeto que se tienen entre ellos y fascinante descubrir la naturaleza que portan. Son leales y comprometidos con sus semejantes.

El día que yo estaba más ocupada, cuando por fin ocupaba mi sitio, el escenario me dejó impactada, sobre todo esa primera vez. Ya en mi sitio, el trino incesante de una veintena de pájaros llamó mi atención y, al mirar al tejado, vi con asombro cómo estaban colocados en fila, trinando hacia la gran ventana donde yo estaba detrás. Demandaban su pan y su agua. La risa se apoderaba de mí y después les decía: ya voy.

También empezaron a venir los mirlos. Ellos nunca bajaban: se posaban en la antena del tejado del vecino de enfrente y me regalaban su canto. Pasado un tiempo, una mañana alcé mi vista a la antena donde llevaba un rato una pareja de mirlos y les dije: vosotros también podéis bajar a comer. Al instante, esos dos mirlos estaban sobre mi tejado comiendo y bebiendo. Y no solo eso: bajaron al patio y caminaron entre las plantas.

Pude hacer fotos y vídeos de este evento tan excepcional, que reforzó mis cinco sentidos y despertó otros nuevos que me conducirían a dimensiones superiores. Al descubrir que podía comunicarme con ellos a través de mi esencia —de energía a energía—, elevando mi frecuencia y consiguiendo con exactitud la misma vibración que ellos, todo cambió.

Desde entonces, cuando el ruido exterior sacude demasiado mi mente, entro en silencio y me abandono a la nada; echo a volar con mis pájaros para limpiar los pensamientos y volver a mi centro.

Coco, mi perrito, que lleva conmigo diez años, también ha sido mi compañero de viaje en este proceso: gran maestro y uno de mis grandes amores. Él me ha enseñado el significado, el peso y la verdad de la palabra incondicional.

Jesús dijo: *Por sus actos los conoceréis.*

Tú, Coco, lejos de palabras y apariencias, alguien tan chiquito como tú, a través de tus acciones queda descubierta tu grandeza. ¡Gracias por estar en mi vida!

Capítulo 15: Los Diez Mandamientos desde la raíz

Una vez abierta esta puerta santa que renovó mi relación con lo divino, las conversaciones con Dios se volvieron mi pan de cada día. Lejos de hospitales, desde una situación crítica y desde la súplica, después de haber peleado contra mis monstruos y haber vencido, de haber muerto y resucitado varias veces en una misma línea de tiempo, de vivir mil vidas en una misma vida, ahora mi reencuentro a diario con Él era elegido desde el amor y desde la calma.

Como la raíz y el nacimiento de la palabra escrita llevaba conmigo desde la niñez, cuando llegué a este punto exacto de mi vida, una fuerza que no provenía de mí me empujó a dejar constancia de cada susurro que me llegaba a través del silencio, de todo lo que me rodeaba y de ese movimiento constante que nunca para, invisible a los ojos, pero visible al espíritu. La manera perfecta y en armonía fue a través de la escritura.

Los principios son la raíz, el nacimiento, y deben ser respetados. Desarrollemos la raíz: el orden.

Primer mandamiento. Amarás a Dios sobre todas las cosas.
Al origen volvemos y a la raíz: Él. El sexto día creó al hombre, único ser de la creación hecho a su imagen y semejanza. Amarás, pues, la chispa divina que habita en ti. Solo así amarás y respetarás a tu Creador sobre todas las cosas y todas sus cosas.

Segundo mandamiento. No tomarás el nombre de Dios en vano.

Y Dios, que vive en ti, reconoce tu nombre antes que tú. En tu nombre debes dar forma a su palabra y, en tu nombre, renunciarás a todo lo que no proceda de Él.

Tercer mandamiento. Santificarás las fiestas.

Dios nos recuerda con este mandamiento la importancia de agradecer, poniendo en primer lugar a su Hijo elegido, Jesús, salvador de todos nosotros. Recordar y agradecer todos los actos y enseñanzas para la salvación del hombre, entregando su propia vida, fue una de las últimas enseñanzas de Jesús en la Última Cena.

Al repartir el pan y el vino con sus discípulos, les dijo: *"Esta es mi sangre, que por muchos será derramada para el perdón de los pecados. Haced esto en memoria mía"*. Este mandamiento nos insta a recordar, agradecer y santificar los días señalados.

Cuarto mandamiento. Honrarás a tu padre y a tu madre.

Son las puertas que Dios elige para tu entrada a este mundo; por lo tanto, son sagradas. Da igual el lugar que ocupe tu familia, si pueden o no abastecer tus necesidades o deseos: no exijas, no juzgues. Honra siempre las puertas que se abren para ti.

Quinto mandamiento. No matarás.

Ni directa ni indirectamente. Quien lastima a un semejante está faltando a la ley de Dios, único Creador de todo lo que existe. Este acto se considera un atentado contra su creación.

Sexto mandamiento. No cometerás actos impuros.
Siendo la pureza una virtud, este mandamiento nos insta a conservar la pureza tanto del cuerpo como del alma.

Séptimo mandamiento. No robarás.
Por justicia respetarás los frutos del trabajo ajeno. La prosperidad solo es para el justo, y aquel que cometa injusticias sobre el prójimo y sus bienes tenga por seguro que sus cosechas, una tras otra, perecerán.

Octavo mandamiento. No dirás falsos testimonios ni mentirás.
Cristo nos enseñó que la verdad nos hará libres. Falsear la verdad en la relación con los demás nos dice que donde hay mentira no hay amor: no puede haber amor. Amar al prójimo como a ti mismo obliga a no hablar mal de nadie, no juzgar ni murmurar, no descubrir sin motivo sus defectos con intención de ofender e ir en contra de su honor. Hay que tener siempre presente no hacer con los demás lo que no nos gustaría que hiciesen con nosotros.

Noveno mandamiento. No consentirás pensamientos ni deseos impuros.
El control de la mente depende únicamente de uno mismo. Hay que elegir cuidadosamente los pensamientos y deseos a los que damos forma, pues eso que elijamos será lo que manifestemos en el exterior. Lo que es adentro es afuera. Este mandamiento nos habla de la importancia de ser responsables con nosotros mismos. Nuestras elecciones traerán unas consecuencias u otras.

Décimo mandamiento. No codiciarás los bienes ajenos.

No envidiarás nada que sea de tu prójimo; es más, te alegrarás y celebrarás sus triunfos. La envidia es el veneno invisible más letal que destruye lentamente a quien lo porta.

Dejemos a un lado la entidad o la identidad, religiones o creencias. Estos mandamientos —leyes, reglas, normas, como se prefiera llamarles— tienen una sola dirección: el buen pensamiento y el buen hacer para uno mismo y por un bien mayor y común, para la unidad.

Capítulo 16: El poder de la palabra

El poder de la palabra es una fuerza invisible que da forma. Aquí es donde se da la tan ansiada manifestación, porque todo aquello que toma forma, tarde o temprano, será un hecho tangible.

Jesús dijo sobre la palabra: *"Lo que sale de la boca del hombre proviene del corazón".*

Las palabras que decimos revelan lo que hay en nuestro corazón. También dijo:

"No es lo que entra en la boca lo que contamina, sino lo que sale de la boca; eso es lo que contamina al ser humano".

A mi parecer, estas frases son muy poderosas; sin duda, son una de sus grandes enseñanzas.

Si todo lo que decimos es un reflejo de lo que pensamos y sentimos, identificar por su boca a quienes tenemos enfrente es fácil, y rara vez seremos engañados. De inmediato sabremos qué mueve su corazón. **Las palabras pueden sanar o herir, alentarnos o desanimarnos.**

Pueden ser más cortantes que cualquier espada de dos filos. También dan forma a cómo nos percibimos a nosotros mismos y al mundo que nos rodea. Cuidar la palabra es cuidarse a uno mismo; el que habla mucho se arruina solo. Pero también, cuando las palabras van acompañadas de responsabilidad, contienen belleza y sabiduría, teniendo el poder de iluminar.

Jesús dijo: *"Tu palabra puede ser una lámpara a mis pies, una luz en mi sendero"*. **Pero también advirtió***: "La lengua, aunque pequeña, puede encender un gran fuego, inflamar el curso de la vida y contaminar el mundo". Y añadió que por las palabras seremos justificados o condenados.*

Sabiendo que la palabra es una fuerza invisible y que tiene el poder de dar forma, de manifestar y materializar, es por lo que insisto tanto en la necesidad de volvernos seres conscientes y responsables. Si la población mundial cuenta con más de 8.000 millones de habitantes, somos muchísimas personas hablando cada día, a todas horas.

Indiscutiblemente, la palabra hablada es la energía más potente usada a nivel mundial y, por ende, la que más movimientos va creando a su paso. Es por esa razón que yo, hace tiempo y por circunstancias que ya os he contado en páginas anteriores, aprendí de una experiencia que me enseñó la lección más importante: pensar y hablar con propiedad, y autoexigirme con esta decisión tomada desde lo que para mí es una verdad absoluta: ser una persona estricta, consciente y responsable de mi propia energía.

Y en el más estricto silencio, hace tiempo escribí:

La vida, está ahí mismo, es y está en constante movimiento. No hay nada más libre que nuestros sentidos. Llevar al límite cada uno de ellos garantiza materializar la magia.

164

Recuerda que la vida es además un viaje breve, entonces sabiendo que la palabra puede levantar o derribar, te pregunto: **¿qué eliges sembrar cada día?**

¡Podemos elegir!

Crea movimiento, vuélvete un ser despierto y hazte responsable de dónde pones tu atención, porque allí es donde estás poniendo tu energía. Tu energía es únicamente tuya: decide y ejecuta, no pidas permiso ni esperes la aprobación de nadie. **No todo el mundo entenderá tu camino; no negocies tu paz y tu tiempo, no luches contra molinos de viento.** Elige cada día, y elige bien: tienes ese poder. Domina tu mente y ésta jugará siempre a tu favor. Escucha tu voz interior: es tu intuición dando respuesta a cualquier pregunta, duda o preocupación. Dentro de ti hay un universo de información y posibilidades. La materia es limitada y finita; la esencia no tiene límites, es infinita. La vida es ingobernable, simplemente se adapta y fluye: inteligencia universal.

Si somos conscientes de que la palabra es la energía más potente y que, a su vez, va creando y dando forma, debemos saber que todo lo que pronunciamos son decretos que vamos haciendo, para bien o para mal, y que más temprano que tarde el verbo se hará carne. O lo que es lo mismo: la palabra se hará materia y buscará su espacio en este espacio para materializarse.

La pregunta es: ¿qué estamos decretando y de qué estamos llenando el mundo? Un mundo que necesitamos para existir y habitar. Todos somos elegidos, absolutamente todos, sin excepción. Somos colaboradores directos de esta tierra que es la casa de todos.

Jesús ya advirtió: *"Todo reino dividido contra sí mismo es asolado; toda ciudad o casa dividida contra sí misma no permanecerá".*

Una tierra dividida por conflictos y discordia interna lleva al fracaso, a la destrucción, a la miseria y a la tragedia. La división no podrá mantenerse firme ante las adversidades. La unidad y la armonía son esenciales para la fortaleza y la supervivencia, tanto a nivel individual como colectivo.

Podemos elegir crear un cambio, porque elegimos todo. Está a un solo paso y es instantáneo: tan cerca y tan rápido como tomar una decisión. Decidir la dirección correcta siempre pensando en el bien de la unidad y llevarlo a cabo. Primero el buen pensamiento, después la decisión precisa y justa, por último, la acción necesaria. Ese movimiento desembocará en el efecto, y este en el resultado. Si la raíz que nace del pensamiento es sana, el resultado —que es la finalidad— será sano.

Tiempo atrás escribí: La vida y sus matices. Creo firmemente que cada día hay mil comienzos, que, conscientes o inconscientemente, continuamente estamos creando. ¿Y qué pasa con los finales? Creo firmemente que no existen: existe la transformación. Un solo movimiento transforma, produce un cambio, una metamorfosis que abre nuevos caminos…

Cree y crea

Un pensamiento sano y una imaginación creadora es todo lo que se necesita. Todas las herramientas necesarias están dentro de uno para iniciar, crear y transformar. Lo que veas fuera, y cómo lo veas, solo es un reflejo de lo que hay dentro de ti. El verdadero explorador sabe que el gran desafío es descubrirse a sí mismo y hacerse responsable de sus pensamientos, sus emociones y su energía.

Sí, depende únicamente de ti el mundo que ves fuera. Las preguntas a uno mismo son necesarias cada día: ¿qué estoy creando?, ¿qué estoy aportando?, ¿qué estoy transmitiendo?, ¿dónde es necesario un movimiento, un cambio? Un solo movimiento hecho con responsabilidad y sabiduría puede traer un cambio a escala mayor para un bien común.

El ser humano está hecho para crear. Cree y crea. El ser humano, antes de humano, es ante todo un ser. La palabra "ser" significa: S: sucumbir, E: esencia, R: reconocer. Sucumbir a la esencia para reconocerse.

La palabra "sucumbir" ya nos insta, desde el nacimiento, a la rendición que he expresado en páginas anteriores. Sabiendo que la resistencia viene del ego y que su opuesto es la rendición, y es el único camino que lleva al punto exacto donde se empieza a fluir de una manera natural con la vida. Y a esto se le llama esencia.

El ser, para reconocer su esencia, debe sucumbir, o lo que es lo mismo, rendirse para abatir y desintegrar el ego. El ser nos invita a descubrir la esencia profunda y poderosa que habita en nosotros, a la búsqueda y conexión de significado y trascendencia: aquello que va más allá y que se encuentra por encima de cualquier limitación.

Esto implica un viaje personal hacia la comprensión de uno mismo y del mundo. También implica reconocer y cultivar una dimensión interna que va más allá de la mente y el cuerpo, para lograr conectar con algo más grande que uno mismo y alcanzar un estado de paz, propósito y unidad.

Cuando se adquiere este nivel de conexión, de comprensión, de compromiso, de veracidad y franqueza, se abren las puertas al mundo cuántico, o lo que es lo mismo, a muchos mundos. Nuestro universo es cuántico, al igual que su comportamiento.

El tiempo y el espacio nada tienen que ver con cómo lo percibimos aquí en esta tercera dimensión que es la Tierra. He dicho "percibir" porque la Tierra pertenece y está dentro del universo; por lo tanto, estamos dentro del mundo cuántico.

¿Qué se necesita para cambiar una percepción de otra? Un observador. Solo un observador aprende a ver desde todas las perspectivas y, a su vez, cada una de estas conduce a las infinitas posibilidades que encierra nuestro universo.

Nos enseñan que aquí el tiempo es lineal y predecible: programas instalados en la mente desde niños. El tiempo se mide por un calendario y un reloj, y esa será la única perspectiva. El pensamiento limitante queda grabado e implantado, y esa doctrina queda fijada en la mente como única creencia.

Y así con todo: somos adoctrinados por las creencias de los demás y pasamos a tener pensamientos transferidos, dejando de tener pensamiento propio. Al perder el pensamiento propio, nuestra parte crística queda anestesiada y no recordamos que somos imagen y semejanza, que fuimos creados con una capacidad innata para reflejar la naturaleza de Dios, del Espíritu.

Conciencia, elección y destino

La naturaleza del universo y su comportamiento es cuántica, el tiempo y el espacio aquí no se miden; al no estar sujetos a un periodo, duración o distancia, la energía que lo sostiene es más veloz que la luz y más fuerte que la gravedad. Esta energía libre hace que una partícula pueda existir en múltiples estados y simultáneamente.

Cuando el observador mira, el universo se presta y le muestra la realidad: el pasado, presente y futuro son uno a la vez, en el mismo momento. Todas las líneas de tiempo existen simultáneamente ahora, todo está sincronizado y entrelazado. Cuando el observador accede a voluntad, descubre el conjunto de todas las posibilidades y del potencial que el universo pone a disposición.

Dios ha cumplido sus propósitos desde antes de la fundación del mundo. Antes de dar forma a su creación, todos los tiempos ya se habían cumplido. Él ve el pasado y el futuro con la misma viveza; todos los tiempos están a la vez frente a Él. Ya lo dijo: *un día es como mil años y mil años como un día.*

Hace un tiempo escribí: insistimos en vivir rápido, hacemos todo y de todo de una forma compulsiva, después, con la misma urgencia, intentamos rescatar recuerdos, y es ahí donde descubrimos que tanta prisa dichosa los volvió fugaces, un pestañeo. Octubre sigue regalándome rosas, y yo, que acostumbro a capturar momentos, ahí va un jaque a lo fugaz y un guiño a lo eterno.

El tiempo hay que vivirlo lento, camuflarse en cada segundo, darle sentido y dirección. Hay que alimentar los días de todas esas cosas bellas que nos rodean, que nos hacen sentir y vibrar. Hay que desarrollar la capacidad para deshacernos de lo superficial y concentrarnos en lo esencial. **Es fundamental buscar el camino que invita al ser humano a regresar a su auténtica naturaleza: la conciencia.**

El tiempo... soy atemporal, del viento, de la lluvia. Lo finito se gobierna, lo ingobernable perdura. Soy atemporal, una eterna viajera.

Todos estos caminos que empecé a transitar, por supuesto, tenían su opuesto, y eso exigía elegir. La parte más difícil fue dejar atrás a personas importantes, sabiendo que dejaba en ellas una sensación de abandono. Eso me costó muchos momentos de gran tristeza que nunca compartí, a sabiendas también de que se me tachaba de persona fría, indiferente o egoísta.

Por justicia debo decir que, antes de llevar a cabo este distanciamiento, intenté hacer todo lo que estuvo en mi mano para no tener que hacerlo, pero fue en vano. Seguir teniendo contacto directo con dichas personas suponía un conflicto diario, una guerra sin cuartel, sin tregua ni descanso, una tormenta en la mente y en el alma garantizada cada día. Caminar por ambos caminos a la vez simplemente era imposible, y decidir fue la única opción…

Capítulo 17: Somos alquimistas

Aquí fue donde descubrí la primera ley de la alquimia: la ley del intercambio equivalente. Un alquimista debe sacrificar para crear y obtener algo; es necesario dar algo de igual valor a cambio. Aquí entra también, una vez más, el orden: no se le puede burlar, jamás obliga, sólo espera tus decisiones, y dependiendo de éstas, nos dejará en el mismo lugar o, por el contrario, cubrirá de luz esas sombras dormidas para despertar y avanzar un poco más hacia la verdad.

Por aquel tiempo, entre tristeza y decisiones, escribí:

A veces, para avanzar, es necesario dejar atrás a las personas que amamos, tal vez para no perder la noción de quiénes somos. Cuando quedarnos implica perder la sonrisa, quizás sea el momento de alejarse, rompiendo esquemas para no terminar con una vida gris.

Es difícil continuar cuando escuchas y ya no crees, cuando se instala la desconfianza, pues la confianza es el motor de toda relación. Y a veces, para liberarse, es necesario alejarse.

Podríamos quedarnos, pero las puertas a medio cerrar no dejan avanzar, y la vida es así: nos muda la piel de cuando en cuando, nos golpea el corazón y aprieta el alma para recordarnos que estamos de paso.

El tiempo no negocia, no. Camina siempre justo detrás, dando empujones, y en ese baile forzado despiertas y cambias el paso. **Dicen que las despedidas son tristes; yo digo, en ocasiones, son vitales.**

A todas esas personas que tuve que dejar atrás, nunca me dejasteis de importar. En especial a ti, hermana de sangre: te amé y protegí siempre desde la distancia y en silencio.

Somos alquimistas. Después de ese primer paso, ese sacrificio inicial del intercambio equivalente, introduje la alquimia en mi día a día como disciplina espiritual y filosófica. La alquimia espiritual es una práctica para buscar la transformación interna y que se aplica a la psique y al espíritu, para la renovación y transmutación de la conciencia, la superación de limitaciones y la búsqueda de la iluminación.

Fui descubriendo cómo transformar los problemas en oportunidades y el dolor en crecimiento y evolución. Me sometí de manera consciente a una metamorfosis, sobre todo a nivel mental, para convertir esas energías más densas en energías ligeras, a mutar esos flecos de sufrimiento que aún quedaban, inquietudes o ansiedad, en sabiduría.

Ya que mencioné energías más densas o ligeras, hago un alto aquí: toda energía lleva su correspondiente vibración, seamos conscientes o no. Esa vibración es el estado o calidad energética de una persona. Las energías que vibran más bajo, como la culpa, la vergüenza, el miedo, la envidia o los celos... Cuando una persona vibra demasiado tiempo en estas energías, suele volverse hostil y percibe el mundo de igual manera.

Este estado hostil le lleva a un enfado permanente que le hace estar preparado para una pelea todo el tiempo. Su tolerancia es prácticamente nula y todo a su alrededor se vuelve adversario y enemigo. Lo sepa o no, su mayor enemigo es él mismo, y debe buscar y encontrar el camino que lo lleve de vuelta a su verdadera esencia.

No olvidemos que cuanta más apariencia, más carencia. Esto viene de la mente: disciplínala y domínala, y ésta jugará a tu favor. **La única distancia que hay de un estado emocional y energético a otro son las decisiones que se toman.** Decide elevar tu frecuencia y vibración, y la divinidad que hay dentro de ti te mostrará tu poder.

Las energías que vibran más alto son el amor, la gratitud, la paz y la alegría, entre otras. Cuando una persona decide mantener esta vibración alta, eleva su estado anímico, su perspectiva y su capacidad para ver más posibilidades. Inevitablemente, esto le acerca al maravilloso mundo cuántico, donde todo es ahora y todo es posible.

Son personas magnéticas que, de forma natural y sin apenas esfuerzo, suelen materializar, a través de la buena intención y dirección de su pensamiento, todos sus deseos.

Jesús dijo: *El que en mí cree, las obras que yo hago, él también las hará, y aún mayores hará, porque yo voy al Padre. Y todo lo que pidáis al Padre en mi nombre lo haré. Pedid y se os dará; buscad y hallaréis; llamad y se os abrirá.*

Hace tiempo escribí:

Me encanta la gente que vibra fuerte y bonito, que no hay que empujarla y son refugio, capaces de frenar el tiempo y parar el mundo por un rato. Sí, hay gente que, si miras dentro, son un espectáculo: son paisaje y música, amanecer nuevo cada día.

Y sí, si tengo que elegir, me quedo con las personas intensas: me saben a pasión y a verdad, tienen esa naturaleza salvaje de un huracán o un tornado y cambian constantemente el curso de las cosas, creando magia y haciendo de lo común algo extraordinario.

Me huelen a tierra mojada y a café, a leña recién cortada, a libro viejo y a vino. Te arañan la mente y te muerden el alma, te enseñan a ver belleza en la tempestad. Me saben a orujo, a chocolate caliente y a lima.

Me encanta la gente que vibra alto, fuerte y bonito. Sí, porque hacen que el corazón te lata diferente. Hay ojos a los que hay que decirles: enséñame a mirar como tú miras.

Como, ante todo y todas las cosas, somos un ser, cuando alcanzamos el entendimiento y profundidad de esta palabra y su gran significado —sucumbir a la esencia y reconocerse— automáticamente entiendes que eres un alquimista capaz de transformar y crear.

La alquimia lleva a la realización del potencial humano a nivel físico, mental y espiritual, o lo que es lo mismo: la Santísima Trinidad, Padre, Hijo y Espíritu Santo. El Padre inicia, el Hijo cumple y el Espíritu aplica. Comparten la misma naturaleza divina y son coeternos.

Iniciar este viaje te lleva hacia la autenticidad y la conciencia de la unidad, guiándote hacia una conexión con algo más grande que tú mismo. Si se consigue llegar a este estado elegido y trabajado, el alquimista logrará una transmutación interior, transformando aspectos negativos y limitantes de uno mismo, como los miedos, patrones de comportamiento y pensamientos destructivos —la mayoría adquiridos y programas mentales robotizados y limitantes—.

El resultado, al convertir todos estos aspectos en cualidades constructivas, virtudes, facultades y ventajas, puede cambiar por completo la experiencia de vida del ser humano, llevándolo también a encontrar su significado y propósito de vida.

La alquimia no puede ser un estado intermitente; es un proceso continuo de transformación, autoconocimiento y desarrollo personal. Esto requiere un pensamiento propio y firme, responsabilidad y compromiso con el crecimiento personal, y una búsqueda continua de un estado de plenitud, paz interior y sabiduría que nos haga reencontrarnos con nuestro ser más auténtico, libre de las limitaciones del ego y de la dualidad.

Un alquimista es un explorador, un individuo energético con una gran adaptabilidad y flexibilidad, observador nato, y está siempre preparado para el cambio y la acción. Es un buscador incansable, constante y curioso, lo que le lleva a descubrir cosas nuevas por su continua metamorfosis interna.

La alquimia espiritual terminó de transformar el significado de mis días. Fue un proceso gradual que fui integrando en mi psique y en mi espíritu hasta que se volvió un estado natural. Esto no es ficción ni fantasía, ni tampoco fácil. En esta vida, en este plano, nada es gratis: todo debemos ganarlo o merecerlo. La suerte no existe, ni la buena ni la mala. Todo cuanto sucede es consecuencia directa de nuestros actos y de los movimientos que hacemos.

En mi vida nada ha sido fácil, y si le preguntáis a mi suerte, os hablará de mi esfuerzo, de mi constancia, muchas veces de mi paciencia, de mis renuncias y del polvo de mis cenizas.

No, la suerte y yo no existimos la una para la otra. No sé si me dejó fuera del juego desde el principio porque sabía que yo jamás dejaría las cosas en sus manos. Decidir y actuar me corresponde únicamente a mí. Y una de las decisiones más valiosas y significativas que tomé en mi vida fue que quería ser útil en este mundo antes que importante.

A veces, para avanzar, es necesario retroceder. Hagámoslo. Nací y llegué a este mundo siendo carne de cañón, con un camino marcado antes de dar los primeros pasos. En boca de todos lo fácil: las frases hechas como *"de tal palo tal astilla"* o *"de tal simiente tal gente"*.

Los comentarios y etiquetas más hirientes vinieron de familia cercana, familia directa que conocía perfectamente la circunstancia y situación que vivía. Las peripecias que vivían aquellos tres niños a diario. El único gesto fue mirar hacia otro lado, pero después, con el paso de los años, sí se sintieron con derecho de juzgar. Donde había que poner compasión y comprensión, pusieron juicio.

Solo diré ante esto que la memoria es raíz, y que a la raíz hay que volver para evitar ser seres injustos y tiranos.

El mundo necesita menos jueces y más compasión. ¿Dónde quiero llegar con todo esto? A mi papel en este mundo…

Por mis circunstancias y las inexistentes posibilidades y opciones, más esa licencia barata que se adjudicaron algunos insinuando que mi dirección era una y que estaba condenada a ese destino, se daba por hecho que mi rol en esta vida sería el de oveja descarriada: persona inconsciente, sin capacidad de hacer algo correcto y mucho menos de aportar. Pues no me dio la gana. No quise ser la carne, me convertí en el cañón. Primero, mi Dios —lo repetiré hasta la saciedad—, único ser que jamás me abandonó. Me llevó al límite, sí, pero fue necesario resucitar para revertir el curso de la historia.

Aquella primera hospitalización con 19 años fue una demolición absoluta para deshacer esa línea de tiempo que había creado, parásita e inservible. Debía dejar atrás esa rebeldía y el ego. Fueron dos meses apocalípticos. Esa muerte a la que me enfrenté realmente dio muerte a la persona en la que me había convertido. Supuso un fin a todos esos disfraces que escondían mi verdadero ser, y eso me permitió volver a **conectar con mi esencia**.

El siguiente paso fue **desprogramar mi mente** para instalar programas nuevos, borrar patrones adquiridos y no aceptar como válidas las creencias limitantes de los demás. Esto me ha llevado años, mucho trabajo e innumerables luchas internas.

El control mental, el autoconocimiento y la autodisciplina se volvieron mi gran y único cometido. Aprendí a entender y respetar todas esas leyes universales que mueven el mundo, lo sepamos o no, lo creamos o no. Inclusive esas leyes que no están escritas en ningún sitio, pero que son obvias, sobre todo cuando te vuelves un pensador.

Cuando entras a tu templo interno y, desde ahí, piensas, automáticamente sabes, y al saber, sientes. Ahí está lo auténtico: la verdad sin peros ni dudas. Poseemos una brújula exacta a cada instante, a cada latido. El corazón posee una inteligencia sagrada que es inequívoca, certeza absoluta. Mi constancia y disciplina me llevaron a hacerme cargo de mí y de mi energía de una manera consciente y responsable, para no hacerme daño ni a mí ni a los demás.

Los estímulos externos y toda la información con la que nos bombardean por todos los medios y de forma continua pueden hacer que el trabajo interno se torne muy difícil. Una lucha contracorriente, agotadora y extenuante. Y más aún cuando esa información lleva códigos de miedo, incertidumbre y dudas. Estos códigos se instalan con mucha facilidad en una mente que permite entrar de todo y no lo cuestiona, volviéndola inevitablemente manipulable.

Escucha tu latido

El opuesto al miedo es la fe. La fe es algo muy personal. Y como no quiero dejar esto en manos de Dios como único responsable de cambiar el curso de las cosas, o en manos de las distintas religiones, lo dejo en manos de cada individuo. Si una persona tiene fe en sí misma, si tiene pensamiento propio y les da a estos la dirección correcta y justa para todos, si es fiel a sí misma, por mucho estímulo externo que reciba, manipularle será prácticamente imposible. Y esos que usan el miedo con el único cometido de controlar y conseguir una sumisión para su beneficio, pierden.

La ansiedad es una emoción, un sentimiento de preocupación que empieza en la mente y, cuando ésta coge más fuerza y se vuelve más intensa, se manifiesta a través del cuerpo.

Como a mi entender los pensamientos y emociones son energía, creo que debemos prestar atención cuando nos sentimos así y escucharnos, porque este estado nos aleja de la realidad. **La ansiedad es energía acumulada sin dirección: necesita movimiento para liberarse**.

Entra en un estado de quietud consciente y ve a tu templo interno. **Escucha tu latido: es una brújula exacta y te mostrará la dirección correcta**. La vibración que mueve a la ansiedad es el miedo; el opuesto del miedo es la confianza. Tal vez la cura de la ansiedad sea la confianza. Confía en ti, cree en ti, cambia la vibración de tu energía y eleva tu frecuencia. Este es el orden. Y cuando haces ese cambio, ese movimiento, automáticamente todo cambia.

Elegir **dar el paso hacia la autotransformación conlleva algo muy importante: el perdón a uno mismo**. Es la primera decisión en firme que hay que tomar desde el corazón y llevarla a cabo. Este perdón es el más importante de todos: te hará libre. Puede parecer lo más fácil de hacer de todo lo que hasta ahora he escrito, y no es así.

Este trabajo interno es el más complicado, pues no se soluciona desde la mente, se realiza desde el corazón. Y a este no se le puede engañar ni manipular.

Por eso, cuando se consigue a través de emociones y sentimientos honestos, humildes y compasivos, el resultado es tan liberador: la carga cae y el corazón se levanta. A esto también se le llama limpiar memorias. La memoria del corazón solo sabe ir en la dirección correcta. Si hay interferencias, éste se vuelve desafiante e ingobernable. Mereces tu perdón.

Tal vez fuiste un niño asustado y perdido y, en la edad adulta, eso te hizo confundir emociones y dañaste a personas. **Busca la raíz para entender…**

Para poder solucionar algo, siempre es necesario entender qué pasó. **Sumérgete, aunque te resulte incómodo, no te juzgues. Solo escúchate desde dentro, entiéndete y perdónate.** O tal vez has vivido mucho tiempo de manera inconsciente, sin hacerte cargo de tu comportamiento, actitud y palabras, y eso te ha hecho ser injusto y cruel con personas que no lo merecían.

Cuando la vida dé un giro y te ponga del otro lado —porque eso tarde o temprano sucederá— y te vuelvas un ser consciente, entra a tu templo y escúchate, entiéndete y perdónate. Hacer las paces con uno mismo es la dirección correcta que conduce hacia la paz. Si desaparecen las guerras internas, en el exterior también dejan de existir. Como es dentro, es afuera.

Volviendo al hoy, puedo decir que tenemos la capacidad de ir construyendo nuestro recorrido, que no siempre será fácil, lo he dicho desde las primeras páginas. **Dominar y vencer el libre albedrío, la dualidad y las emociones de baja vibración** —como el odio, el rencor, el miedo, la culpa, la envidia y otras— **requiere de un esfuerzo extraordinario**, de un acto de entrega que implica superar muchas limitaciones, también las propias, y obstáculos.

En muchas ocasiones también implica renuncia, ya sean bienes materiales, placeres, tiempo e incluso sueños personales. El sacrificio no es un fin en sí mismo, sino un medio para alcanzar algo más grande. La alquimia es un estado mental elegido. Pero, al igual que es un estado mental, cualquier otra emoción que alojamos en la mente y dejamos que permanezca, también lo es.

Entonces, una vez más, se trata de pensar bien y elegir bien. Aquello que escojamos para que habite en la mente tendrá un impacto existencial para uno mismo, con los demás y con el mundo que lo rodea. Una vez más, insisto: hay que aprender a pensar lo que pensamos. Esas serán tus huellas.

Hace tiempo escribí:

Me gusta inmortalizar momentos, esos que duran un instante y sabes que solo sucederán una vez, pues el ahora no se da dos veces— y es ahí donde elegimos qué huella dejar. La huella sí permanece. Me gusta tomar el pulso a todo; en todo encuentro latido y aprendizaje, y voy guardando.

Me gusta por igual lo simple y lo complejo. La perspectiva en ambas direcciones son puertas que abres a tu mente. *La mente, como todo, necesita cuidados. Es importante saber de qué la alimentamos; requiere disciplina. Toda disciplina exige trabajo y esfuerzo. Pero confía: estás abriendo puertas que aún no ves.*

Capítulo 18: Sobre la vida, el tiempo y la memoria

La vida lleva consigo la muerte como un susurro secreto en el corazón del tiempo: incorpórea, taciturna, inmutable. Nos recuerda que cada instante es único, que lo que creemos eterno es transitorio y que el verdadero valor de la existencia se mide en la intensidad con que acompañamos, sentimos y amamos.

La vida no siempre nos prepara para la muerte, en ocasiones no anuncia su llegada; no obstante, es en su presencia donde descubrimos la profundidad de nuestra humanidad, la fuerza de nuestra compasión y la manera en que nos reflejamos en quienes amamos.

En abril de 2023 dio comienzo en mi vida un viaje inesperado, porque sí, la vida también juega y cuando decide mover ficha da igual si estás preparado o no; si te saca a bailar, estás obligado a bailar con ella. Después de muchas pruebas, mi padre fue diagnosticado con cáncer. A pesar de la distancia y el mínimo contacto que había entre nosotros, al enterarme de la situación me hice presente y lo acompañé en ese primer ingreso y en cada prueba.

Llegó el mes de julio y con él una única opción: mi padre debía someterse a una operación muy delicada de diez horas para extirpar el tumor que había invadido su cuello. Todos sus hijos estuvimos ahí, también sus nietos, incluso mi madre, que llevaba más de 20 años separada de él. Este acontecimiento nos regaló esa unión; fuimos piña, al menos ese día. Guardó de ese día esa sensación de unidad y de respeto entre nosotros.

Ya estaba a punto de anochecer cuando los otorrinos a cargo de la operación vinieron a hablar con nosotros. La operación había sido un éxito y, según ellos, la suerte también había jugado un papel importante, pues el tumor estaba a tres milímetros de invadir la carótida y habían llegado a tiempo por muy poco. El día siguiente llegó y, junto a él, el caos habitual que reinaba en esta familia, que me tuvo en jaque por muchos meses y que inevitablemente después terminó pasándome factura.

Por justicia debo decir, y sin pretender hacer leña del árbol caído, que llevando más de la mitad de mi vida viviendo de manera independiente, como se suele decir, "sin deber nada a nadie", podía haber tomado la decisión de retirarme, pero me quedé. Podía haber elegido y, además, con todas las de la ley, haber sido egoísta, pero no lo hice. Y esta decisión mía fue una puerta abierta a muchas injusticias sobre mi persona.

Volviendo a mi padre, aquella operación tuvo secuelas devastadoras y una recuperación que nunca llegó. Fue tan invasiva a nivel interno, donde se vieron comprometidos músculos del cuello, cuerdas vocales y otras estructuras, que jamás volvió a comer. Su alimentación consistió desde entonces en batidos nutricionales.

Llegaron los ciclos de quimioterapia y radioterapia, que de por sí ya son tratamientos duros. Hay que añadir que mi padre fue un mal paciente y ese carácter suyo supuso una acumulación de tensión y estrés. Hice uso de mi paciencia tan trabajada y no falté a sus innumerables consultas y pruebas ni a sus tratamientos. Lo acompañé siempre en aquella etapa desde la compasión y la ternura que hay que tener hacia un ser humano que le toca librar una batalla tan dura.

Yo había estado de ese lado más de una vez. Entendía lo que había en su mente, aunque no lo verbalizara. Fueron diez meses de auténtica revolución a muchos niveles.

Reconozco que en más de una ocasión tuve que pelear conmigo misma para que siguieran pesando más los motivos para quedarme y no marcharme. Llegó febrero de 2024. La oncóloga pidió que se llevasen a mi padre a tomarle la tensión y niveles de azúcar. Buscó esa excusa porque quería hablar conmigo a solas y, una vez estuvimos las dos solas en la consulta, me dijo:

— "El último tac realizado revela que tu padre tiene metástasis. No podemos hacer nada más por él."

Lo siento mucho. Me quedé en silencio. Llevábamos casi un año de lucha salvaje y esa mujer, en treinta segundos, cerraba para siempre la puerta.

Es cierto que el desgaste físico de mi padre era tan obvio y brutal que no me cogió por sorpresa y que, dentro de mí, casi desde el principio, supe que había entrado en su tiempo de descuento. Pero en según qué cosas deseas equivocarte. Sara, así se llamaba la oncóloga, me sacó del silencio.

—¿Estás bien? ¿Necesitas algo? —me preguntó.

Contesté:

— "No necesito nada, gracias. Solo saber. ¿Qué hay que hacer ahora? ¿Cuánto tiempo le queda?"

Sara contestó:
— "Ya no tenéis que venir más al hospital. A partir de ahora un equipo de paliativos irá a casa a atenderlo, a él y a vosotros, en todo lo que necesitéis. No puedo decirte exactamente cuánto tiempo le queda. Tal vez unos meses. No creo que acabe este año."

Salí de aquella consulta con una sensación de derrota, con el esfuerzo de meses bajo los pies que iba pisando a cada paso, como quien ha corrido y corrido para coger ese último tren y al final se queda en el andén y sin destino.

Los siguientes meses, a pesar de desaparecer los viajes diarios al hospital y todo el estrés y tensión que esto suponía, después de pasar casi un año de mi vida y mis rutinas, cuando parecía que podía volver a tomar las riendas de mi día a día, fue cuando mi mente empezó a golpearme fuerte. No tanto por la enfermedad de mi padre, sino por todo lo que tuve que soportar ese año, que lo voy a resumir en guerras cada día, innecesarias y fuera de lugar. Y yo, que ya había hecho mucho trabajo interno, verme sumergida de nuevo en un pasado que seguía siendo presente, abrió grietas en mi mente que para cerrar tuve que tomar una decisión: alejarme.

Como no quiero dar más matices, tal vez resulte difícil entenderme. Solo puedo añadir que los conflictos y enfrentamientos diarios suponen para mi mente y mi ser un desequilibrio y una tortura, donde mi única opción es siempre la misma: salvarme. Por eso, los siguientes meses, mi ausencia ganó a mi presencia.

Sabía lo que tenía que hacer, un trabajo que ya me había tocado hacer antes: extinguir el incendio y dejar al descubierto las cenizas, siendo éstas la puerta de entrada para mi renacer, que esperaba el momento de resurgir de nuevo y atesoraba con él mi voluntad y mi fuerza.

Como ya había anunciado su oncóloga, mi padre murió el 11 de diciembre de 2024, en su casa, en la más estricta intimidad y rodeado de toda su familia.

El proceso de acompañarle en su último aliento también fue desde el más estricto respeto y silencio, aun sabiendo que se cerraba un ciclo en nuestras vidas. Ciclos que traen un antes y después y que cada uno debería gestionar a su manera; en nuestro caso, de forma muy personal e individual, uno mismo con nuestro padre. Quiero compartir el recuerdo más vivo de él que queda en mí y despierta mi ternura.

Durante todo el proceso de hospital, pruebas y tratamientos, muchas veces mi padre se quitaba el reloj y me decía: 'Guárdamelo, Isa'. Esto se volvió habitual y lo sentí como una pequeña complicidad que guardo en mi corazón, igual que hoy conservo su reloj. El día que murió, les dije a mis hermanos: 'Solo quiero una cosa: su reloj, que guarda nuestra historia.

Estuvieron de acuerdo y lo cogí de su muñeca, aún desprendía calor, y lo puse en la mía. Ahora ocupa un lugar en mi espacio sagrado y esa ternura sigue existiendo. **Me despido de ti, papá**, diciéndote que la vida ha sido como ha sido porque así debía ser, que fuiste espejo y me empujaste a descubrir que lo que se ve no siempre es lo correcto y que debemos elegir qué debe permanecer y convertirnos en otro reflejo.

Sé que en ese lado en el que estás ahora caen las máscaras y espero y deseo que te hayas reencontrado con tu verdadera esencia y ahora seas más primavera que invierno. **Mi Dios te eligió puerta sagrada para mi entrada a este mundo y solo por eso te honro y te quiero**.

Capítulo 19: Huella de fe y voluntad

Podría decirse que el universo me enfrentó, en más de una ocasión, a situaciones donde mi vida, respiración y pensamiento estuvieron al borde de la extinción. Muchos pronósticos vaticinaban mi final, pero entonces descubrí que la fortaleza de un cuerpo a veces no se mide en latidos, sino en la decisión de seguir marchando, aun cuando todo parece indicar lo contrario.

No, no regresé del mismo modo de esas experiencias, y lo agradezco, porque en el trayecto me volví más consciente, más despierta, con la certeza de que cada instante cuenta y tiene un valor incalculable.

Dios ha sido siempre mi centro, mi ancla y refugio; no obstante, aprendí que la fe debe materializarse en obra. La fe es creer, y creer es lo que hace posible materializar. Necesitamos caminar de la mano con el sentido común, con empatía y con la capacidad de mirar el dolor ajeno como si fuera propio.

Creer no es cerrar los ojos y sentarse a esperar un cambio; todo lo contrario, es abrirlos más, aceptar que la luz también exige responsabilidad y que nuestra misión no se limita a solo observar o sobrevivir, sino que también es transformar.

Nada ocurre por azar. Lo sé porque he comprobado que cada evento, cada circunstancia, incluso la más dolorosa, guarda en su entraña una elección consciente: quién elegimos ser frente a lo inevitable. El universo responde a esa vibración y, aunque en ocasiones nos parezca caprichoso o no lo entendamos del todo, siempre refleja lo que sembramos en nuestro interior. He aprendido a caminar en esta tierra, prestando especial atención a la huella que quiero dejar, por mí y por todos aquellos que alguna vez necesiten recordar que lo imposible puede ceder ante la fe y la voluntad.

Es precisamente esta conciencia de que nada ocurre por azar lo que me permite reconocer y honrar el camino recorrido. Cada huella que dejamos, cada elección frente a lo inevitable se convierte en legado; un legado que no solo define quiénes somos, sino que también sirve de guía para quienes nos siguen. Y en este viaje, mi madre ha sido la luz y el espejo que me enseñó a caminar con fe y valentía, a enfrentar la adversidad sin perder el corazón, y a comprender que incluso en los momentos más oscuros, la fuerza y la voluntad pueden transformar lo imposible en posibilidad.

El legado de tus pasos

Mi otra puerta sagrada sigue acompañándome en el camino y estas letras son para ti…

Mamá, nada ha sido fácil, pero de ti aprendí mucho más que hacer de tripas corazón. Aprendí a rescatar el corazón cuando éste se enredaba en las tripas.

Con mil batallas a tu espalda y, a pesar de la adversidad y el miedo, posees una capacidad extraordinaria para seguir aprendiendo y evolucionando. Admiro tu fortaleza cuando la vida te obliga a nadar contracorriente y tu fe te salva, y al día siguiente vuelves a empezar como si nada. Gracias por elegirme para este viaje, eres espejo y reflejo.

Quiero contigo otras mil primaveras, quédate un poco más, un para siempre. Te honro y te quiero.

La vida es etapas, un continuo abrir y cerrar de puertas, pero hay algo que la memoria custodia y que ni el tiempo puede deshacer: el recorrido. Por eso las huellas sí permanecen y éstas se convierten en nuestro rastro, en nuestra estela, y en momentos cruciales en guía y orientación para otros. Porque en épocas decisivas todos alguna vez necesitamos de alguien. Siendo cierto eso que dicen: a veces somos alumnos y a veces maestros.

La vida, ¿qué es la vida? Es morir cada noche y resucitar cada mañana con el alba, incorporando en cada despertar lo aprendido, da igual si mucho o poco. El cambio que es necesario hacer, por muy pequeño que parezca, puede crear una transformación valiosa y significativa. Los pasos pequeños también hacen camino.

La vida está en constante movimiento y nosotros estamos obligados a un incesante cambio, porque o cambiamos o nos extinguimos. Ante el miedo, muévete. Ante la tristeza y el dolor, muévete. Ante la injusticia, muévete.

En el movimiento está la oportunidad y la solución. Crear un movimiento es modificar la energía de un estado a otro, y tenemos ese poder: somos alquimistas.

La contemplación y la observación hacia uno mismo es el camino que lleva a los grandes cambios.

La oración y el despertar

La raíz de la palabra vida es vid, y como ya sabemos que todos somos elegidos sin excepción, dentro de cada uno de nosotros, en nuestro templo interno, está la vid, que es la conexión, el cordón umbilical con Dios para la producción del fruto. Esta es la herencia, la reconozcas o no, el pacto, lo recuerdes o no.

Tu vid posee una parte de tierra fértil, con las condiciones necesarias para producir una cosecha abundante de manera sostenida. Y posee otra parte de cielo abierto, que otorga bendición y provisión divina directa de Dios, siendo fuente de sabiduría y donde se encuentra la acción del Espíritu Santo.

Esta acción conduce a la manifestación tangible, que es la provisión divina, a la que tienes derecho como heredero. Tu vid implica una relación íntima sin barreras, entre lo terrenal y lo celestial. También implica responsabilidad y vigilancia continua, porque de ella nacerán sarmientos, que, si la vid alimenta, crecerán y serán fuertes.

La poda constante es necesaria. Esos sarmientos son nuestros pensamientos, nuestra actitud, nuestro comportamiento y nuestra palabra. La autocontemplación y la introspección conducen al camino correcto.

La observación consciente y la reflexión profunda permiten a la persona explorar sus sentimientos, pensamientos y su esencia, llevándolo a su verdadera identidad y, a su vez, a conectar con verdades superiores y la esencia divina. **Vigila y protege tu vid** del exceso y del defecto. **La contaminación siempre empieza adentro.**

La contaminación fuera son daños y efectos colaterales. Somos la causa, causa y efecto, o lo que es lo mismo: siembra y cosecha. Y como todo está escrito desde el comienzo y la raíz es perpetua, vayamos a ella.

La oración, el Padre Nuestro, o lo que es lo mismo, diálogo y comunicación directos entre el cielo y la tierra:

—*Padre Nuestro que estás en los cielos, santificado sea tu nombre. Venga a nosotros tu reino.*

En esta frase nos reconocemos como herederos y pedimos al Padre que su reino se establezca en la tierra, que la manifestación sea tangible.

—*Hágase tu voluntad en la tierra como en el cielo.*

En esta frase expresamos el deseo de que nuestra vid crezca de manera correcta, para que así se haga visible la divinidad a través de nosotros.

—*Danos hoy nuestro pan de cada día.*

En esta frase nos reconocemos como el hijo que pide al Padre su cuidado, sustento necesario cada día. Por eso pedimos: danos hoy nuestra provisión divina diaria.

—*Perdona nuestras ofensas como también nosotros perdonamos a los que nos ofenden. No nos dejes caer en la tentación y líbranos del mal. Amén.*

¿Qué significa? Así sea. Acabamos haciendo un decreto desde la fe y el amor que hará eco en todo el universo, y habrá respuesta. Siempre hay respuesta.

El eco del amor y la vibración

No soy una persona extraña, tampoco excepcional ni extraordinaria. Soy una persona consciente y responsable por elección. No delego en nadie el esfuerzo y trabajo que me pertenecen a mí.

Tampoco culpo a ninguno de los muros contra los que me he estampado y he tenido que derribar para poder continuar. Las peleas más épicas siempre han sido conmigo misma, porque **dominarnos a nosotros mismos es el asunto más serio de nuestra existencia**; de esto depende el movimiento y sintonía del mundo.

La teoría jamás será suficiente, debemos involucrarnos, implicarnos y comprometernos en la práctica, predicar con el ejemplo. Es un deber aplicar lo predicado. Si no, la teoría se vuelve desierto.

Soy una más, ni más ni menos, viviendo esta experiencia terrenal, eso sí, eligiendo de manera consciente en todo momento las semillas y la siembra, siempre por y para un bien común y mayor. Esta vida terrenal también me ha regalado amor, a través de corazones con un latido bello y mágico y que, por supuesto, he dado forma con palabras. Y aquí lo dejo.

Mi exceso favorito: tú. Soy de paz, de agua en calma, casi inalterable y apenas modificable. Pero llegas tú, cubriéndome de barro, y me vuelvo gigante y pelea.

Hacemos de los días filosofía, de las noches sueños. Viajamos desde el sofá a cualquier sitio, desafiando al espacio y al tiempo. Mi agua mansa se vuelve brava, inquieta e intensa, y tú sonríes.

Ahora estoy fuera de alcance, lo sabes y esperas. Yo también sonrío, pero no espero: he vuelto aguacero, tormenta y ciclón, sin retorno a ningún otro sitio que no seas tú. Lo sabes y añades fuego a la tempestad, creando un Big Bang, dando forma a un nuevo comienzo.

Y como el amor es una energía de las que vibra más alto y bonito, voy a darle más espacio y comparto por aquí. Hace tiempo escribí:

Hay quien lee en los pozos de café, yo te leo a ti. En las historias que cuentan libros y libros, en la pluma y tinta de grandes poetas te encuentro. Esos versos y poesía siempre traen a mi mente un nombre: tu nombre. En canciones, es esa puerta cerrada que nos hicieron libres y grandes, en ellas te siento. Leo en tus ojos, es lo primero que desnudo, que deseo por encima de todo, por debajo el resto.

Leo en tu boca callada, tu silencio es mi palabra que tú recoges y guardas. Sí, yo te leo a ti cada mañana, cada amanecer, cuando el mundo aún calla. Me he quedado en silencio unos minutos, recordando momentos, esos que capturo y hago inmortales en mi memoria para poder volver una y otra vez. Pero de repente, en mi mente, de manera recurrente, esa última frase: *cuando el mundo aún calla.*

Y el mundo ha empezado a hacerme mucho ruido, he cerrado mis ojos y he escuchado. **Hay que dejar al amor gobernar el mundo: donde hay amor, inevitablemente ocurren milagros...**

Capítulo 20: El rastro que dejamos en la eternidad

Mi recorrido llega hasta aquí. Hoy en día tengo 45 años, pero si me detengo y miro hacia atrás parece que llevo en este planeta 100 años. Sin embargo, curiosamente, cada mañana al amanecer siento que acabo de llegar.

Lo de siempre me resulta fresco y nuevo para mis sentidos. Observo y estudio todo con detenimiento y descubro que hay algo diferente, que ayer no veía y hoy veo. Será porque sé que la vida está en constante movimiento e inevitablemente va creando cambios que deja a merced del observador.

Mi conexión con los muchos mundos, o lo que se conoce como mundo cuántico, se ha convertido en mi manera de vivir. Creo que cuando se alcanza cierto estado mental, retornar a lo de antes es imposible, porque ya puedes comparar y sabes que retroceder significa involucionar. Mis programas mentales son inamovibles y no hay cabida para esa palabra.

Mi fe es certeza absoluta en todos los tiempos: pasado, presente y futuro, en todas las líneas de tiempo donde coexisto y todo ya es, esperando un pensamiento y una emoción ecuánime y equitativa para la unidad. Esto es el auténtico camino para la materialización.

El buen pensamiento y deseo son la dirección correcta, única dirección para que lo invisible se vuelva visible.

Hay que recordar que el separatismo también tiene una única dirección: el fracaso de la unidad, en este caso de uno mismo con el todo.

Si hay separación hay limitación, y las limitaciones son restricciones, obstáculos e impedimentos para crear o, lo que es lo mismo, para manifestar. Cuando se habla de las distintas dimensiones que existen, se tiende a pensar que es algo que está fuera, pero es algo que está dentro.

Para que exista fuera, primero debe existir dentro. El enfoque únicamente puede venir de dentro, y fuera será el reflejo. Este es el orden y es inamovible.

Estamos hechos de energía, somos vibración, y así como vibremos nos alinearemos con unas frecuencias u otras. Cuando se entiende que no hay separación y pasas a formar parte del todo, se logra conectar con esas frecuencias más elevadas y se desbloquean áreas del cerebro que permanecían dormidas y, a su vez, códigos que modifican lo interno. Automáticamente, lo externo sufre una reforma y renovación.

Cuando nuestra vibración energética —ondas de energía que emanan de nuestro ser a través de los pensamientos y emociones— es alta, también se vuelve poderosa y tu exterior te muestra de lo que estás hecho. Tu gama de colores se amplía y se perciben más intensos y brillantes. Tu conexión y comprensión con el reino animal es absoluta. Lees la vibración de las personas y puedes sentir sus emociones e intenciones. Tus deseos cogen forma y se manifiestan volviéndose materia.

La vibración de una persona se mide por lo que piensa y cómo lo piensa, por lo que habla y cómo lo habla. Muy importante: la intención de ambas. De eso impregnaremos nuestra realidad y ese será el impacto que causaremos cada día en los demás, en el mundo, en nosotros mismos y en nuestro mundo particular.

Por eso me reitero en lo que considero que es esencial: hay que saber y entender, y creo que, de manera urgente, que decidimos en todo momento la manera de vivir. Y si algo no nos gusta o no es como queremos o deseamos, es porque no estamos eligiendo bien o lo correcto.

También sucede que a veces los sueños nos eligen a nosotros y no sabemos qué hacer con ellos. Los hacemos de menos, porque hacer de más nos tambalea los cimientos. Prestemos atención a esos sueños que llegan para que despertemos.

Vivimos en un campo rodeados de infinitas posibilidades y da igual lo pensado y hecho ayer. Podemos vivir mil vidas en una sola vida, y en un mismo día podemos morir y resucitar.

Todo lo que deseamos no está fuera, no está al otro lado, está ahí mismo, en un cambio de pensamiento. Sucumbe a tu ser y reencuéntrate con tu verdadera esencia. Eres imagen y semejanza, esto te convierte en certeza.

Escucha tu latido, es una brújula exacta y posee inteligencia sagrada. Eres heredero, despierta tu parte crística y haz visible tu divinidad a través de tus palabras y tus actos. Crea movimiento para el bien mayor y el universo siempre estará a tu favor.

Ve cada día a tu templo interno y **cuida, protege y vigila tu vid. Esta será la vida que vivas y el rastro que dejes**, tu estela, tus huellas. Yo he decidido dejar partes de mí en cada uno de vosotros... Y si alguna vez nos encontramos, verás de qué estoy hecha: probablemente de partículas de ti. Así es el universo, cuando éste conspira y considera, se vuelve pequeño para mostrarnos su grandeza.

Sobre el autor

Isabel nació bajo el signo de Libra, con la balanza del equilibrio en las manos y el anhelo de armonía grabado en el alma. Esa disposición la ha convertido en una buscadora incansable de sentido, capaz de leer las señales del universo como otros recorren las páginas de un libro. Posee la sensibilidad de quien intuye que nada ocurre al azar y la fortaleza de quien sabe transmutar la adversidad en enseñanza.

Quienes conviven con ella aseguran que esa combinación de luz y resistencia no es teoría, sino presencia palpable. Su sobrina Ainhoa la describe como "una mujer fuerte, luchadora, con una magia especial que es imposible no percibir". Junto a Isabel, el tiempo parece desvanecerse: lo sencillo se vuelve eterno, lo cotidiano se transforma en recuerdo imborrable. Para Ainhoa, que ha sido guía y refugio, la voz serena que, incluso en mitad de la tormenta, recuerda que también en lo negativo habita un aprendizaje.

Cristina, su hermana pequeña, comparte: "Ya he tenido el mejor regalo que me pueda ofrecer la vida por tenerla como hermana. Isabel ha sido mi esperanza en nuestro linaje tan peculiar, la que me enseñó que la oscuridad también puede ser una puerta hacia la luz y que suele impulsarte a sacar tu mejor versión. Ella es filosofía, pero no doctrina. En nuestra familia, es la persona que une a todos, la que conoce, respeta y entiende a cada uno de nosotros. Mejora la vida de los demás sin proponérselo, dejando lecciones que para ella son naturales, pero que para el resto son un aprendizaje. Es equilibrio, sabiduría, amor y un toque de ingenuidad… simplemente creo que su alma ha vivido demasiado o es de otro mundo. Con este libro, nos lleva a su mundo, donde todo es más bello, sencillo y justo, más interno y profundo, dejando menos espacio para lo superficial. Gracias por existir, pija."

Vanessa, amiga y confidente, la define como un regalo del universo: "Isabel es especial y ni ella lo sabe; si la conoces sin juzgarla, descubres a una persona que no pertenece a este mundo". Para ella, Isabel es alma gemela, resiliente y sabia, con una ternura que despierta el deseo de protegerla y una capacidad de perdón que desarma. Bajo una apariencia seria, guarda un humor fino que equilibra la profundidad de sus reflexiones y sorprende a quienes tienen la fortuna de compartir con ella largas conversaciones.

Irene, cuya vida cambió tras conocerla, añade: "Isabel me enseñó a ver la vida desde un punto de vista que nunca había imaginado, a conocer cosas que para mí eran inexistentes, a mirar y entender la vida como realmente es. Ella transforma un pensamiento negativo en algo especial en un instante. Te escucha, te entiende y luego te agita la mente como nadie. Si tienes la suerte de que entre en tu vida, te dejará huella, como a mí."

Yoli, amiga de la infancia desde los cuatro años, expresa: "Siempre me faltarían palabras para describirla. Desde pequeña, Isabel estuvo ahí, con su niñez, amor y bondad pura para todos. Es un ángel en el camino, repartiendo su luz y sabiduría desde la bondad, el respeto y el amor que la definen. Es camino y destino, su sabiduría renace en cada lágrima y sonrisa, y siempre será hogar y refugio para cada alma. Gracias, Isabel, ahora y siempre."

Isabel es, además, una mujer que persigue la armonía en medio del caos, que encuentra belleza en los pequeños detalles y cuya gentileza no le resta firmeza. Ha atravesado pruebas capaces de quebrar a cualquiera, y, sin embargo, supo convertir cada obstáculo en una oportunidad de crecimiento. De esas experiencias nació un carácter templado y una brújula espiritual afinada, con la que desentraña la vida y ofrece a otros una mirada distinta.

Su historia es, en definitiva, la de una mujer que transforma lo vivido en lección y lo invisible en señal; alguien que, sin proponérselo, deja una huella luminosa allí por donde pasa.

Agradecimientos

Gracias por haberme acompañado a lo largo de este trayecto que sigue trazándose. El universo es testigo de que os quiero conmigo en lo que resta de camino…

Alejandro, eres mi FE, mi certeza.
Irene, mi corona de justicia.
A mis padres, mis puertas sagradas.
A mis hermanos, Jesús, Mar y Cristina; a mis sobrinas, Ainhoa, Yaiza, Alba e Irene; a mis niños, Dylan, Nagore y Neizan: ¡gracias! Sois mi tribu, mi camino y recorrido; en cada uno de vosotros encuentro partes de mí. Os quiero.

A Don Julián, maestro de escuela y de vida, el primero en creer en mí: le debía este libro. Besos al cielo.

A mis amigos (familia elegida): mi cordobesa, Yoli, Isa, Mari, Ade, Cecilia, Vanessa Panero y María Fornos. Sois luz y magia; gracias por vuestro cariño y respeto, que son recíprocos y eternos.

A ti, Zatsha Contreras Placchetta: ha sido precioso y enriquecedor compartir este viaje contigo. Mil gracias. Eres una gran profesional y SER humano.